VENTILAÇÃO E COBERTAS

Outros títulos de **Gildo Montenegro**

A perspectiva dos profissionais

ISBN: 978-85-212-0542-5
164 páginas
Formato: 17x24 cm

Desenho Arquitetônico

ISBN: 978-85-212-1206-5
164 páginas
Formato: 21x28 cm

Geometria descritiva - volume 1

ISBN: 978-85-212-0981-2
126 páginas
Formato: 17x24 cm

Geometria descritiva - volume 2

ISBN: 978-85-212-0919-5
120 páginas
Formato: 17x24 cm

O traço da ideia

ISBN: 978-85-212-1016-0
142 páginas
Formato: 17x24 cm

A invenção do projeto

ISBN: 978-85-212-0007-9
132 páginas
Formato: 14x21 cm

Blucher

GILDO MONTENEGRO

ARQUITETO
EX-PROFESSOR DO CURSO DE ARQUITETURA
DA UNIVERSIDADE FEDERAL DE PERNAMBUCO

VENTILAÇÃO E COBERTAS
A arquitetura tropical na prática

Estudo teórico, histórico
e descontraído

2ª EDIÇÃO ATUALIZADA

Ventilação e cobertas: a arquitetura tropical na prática: estudo teórico, histórico e descontraído
© 2019 Gildo Montenegro
1ª edição – 1984
2ª edição – 2019
Editora Edgard Blücher Ltda.

Blucher

Rua Pedroso Alvarenga, 1245, 4º andar
04531-934 – São Paulo – SP – Brasil
Tel.: 55 11 3078-5366
contato@blucher.com.br
www.blucher.com.br

Dados Internacionais de Catalogação na Publicação (CIP)
Angélica Ilacqua CRB-8/7057

Montenegro, Gildo
 Ventilação e cobertas: a arquitetura tropical na prática : estudo teórico, histórico e descontraído / Gildo Montenegro – 2. ed. – São Paulo : Blucher, 2019.
 144 p. : il.

Segundo o Novo Acordo Ortográfico, conforme 5. ed. do *Vocabulário Ortográfico da Língua Portuguesa*, Academia Brasileira de Letras, março de 2009.

Bibliografia
ISBN 978-85-212-1304-8 (impresso)
ISBN 978-85-212-1303-1 (e-book)

1. Telhados – Projetos e plantas 2. Habitações – Aquecimento e ventilação 3. Arquitetura – Projetos – Telhados I. Título.

É proibida a reprodução total ou parcial por quaisquer meios sem autorização escrita da editora.

18-0347   CDD 697.92

Todos os direitos reservados pela Editora Edgard Blücher Ltda.

Índice para catálogo sistemático:
1. Telhados – Projetos e plantas

Recado ao leitor

Aqui estão dois assuntos reunidos em somente um livro, para evitar a forma de folhetos magros que ambos teriam caso fossem publicados separadamente. Como mera alusão do autor, que pouco entende da economia atual (especialmente a desta nação!), os livreiros poderão, quem sabe, desdobrar a compra em mais de um pagamento.

Agradecimentos

Ao engenheiro Paulo Lopes Ferreira e à arquiteta Lúcia Pereira do Nascimento Silva, os quais, com sua leitura crítica e inúmeras sugestões, permitiram o aprimoramento deste trabalho.

Dedicatória

Aos homens que descobriram o fogo – anônimos ancestrais que, sem maiores preocupações filosóficas, realizaram um feito que se propagou e perdurou. Aos que pretendem, com o fogo do entusiasmo, mudar a Universidade estéril que, banindo a experiência e o exemplo do mestre/profissional, instalou uma audição de anotações pela multidão de alunos/fichas digitadas. Aos que, sem prazo e sem pressa, sopram o fogo do ideal na direção de uma Universidade melhor. Acredito neles. Em seu estudo, em sua fé. Acredito, também, no resultado final, fruto do trabalho anônimo, como o dos homens que descobriram o fogo.

Conteúdo

Ventilação

1 | Balões de ar e garrafas, 11
2 | O calor, 14
3 | Saída de ar, 17
4 | A entrada de ar, 24
5 | Circulação do ar, 26
6 | Aeração natural, 30
7 | Janelas e ventos, 35
8 | O ambiente externo, 38
9 | Paredes e custos, 42
10 | A água e o ar, 46
11 | Efeito dos ventos, 49
12 | Controle da ventilação, 54
13 | Teorias... etc., 63

Cobertas

14 | A origem das espécies de cobertas, 68
    A pedra, 70
    A cerâmica, 75
    Telhas de aço, 79
    Telhas de zinco, 80
    Telhas de alumínio, 80
    Telhas de madeira, 81

Telhas de fibrocimento, 81
Meios-tubos, 83
Telhas de plástico, 84
15 | Tipos de cobertas, 85
Abóbadas e cúpulas, 88
Geodésicas, 97
Histórico, 99
Cobertas suspensas, 100
Cobertas infladas, 101
16 | Vocabulário do telhado, 103
17 | Tecnologia das cobertas, 109
Tipos principais de impermeabilização, 110
Dimensionamento das calhas, 112
Inclinação do telhado, 114
Tesouras de telhado, 119
18 | Interseção de telhados, 123
Planta retangular, 123
Planta quadrada, 124
Planta em forma de L, 124
Planta em forma de T (A), 125
Planta em forma de T (B), 126
Dois blocos tendo cumeeiras paralelas, 128
Cumeeiras paralelas e beirais em altura diferente, 129
Planta em forma de V (A), 129
Planta em forma de V (B), 130
Planta em forma trapezoidal, 132
Planta em forma de quadrilátero irregular (A), 133
Planta em forma de quadrilátero irregular (B), 134
Exercícios propostos, 137
| Leituras recomendadas, 142
| Sobre o autor, 144

1 *Balões de ar e garrafas*

As crianças adoram brincar com balões de borracha, daqueles enchidos com gás ou simplesmente soprados com a boca. A bola sendo elástica vai recebendo ar e inchando, inchando e... BUUMMM!

Provavelmente, nenhuma criança pensará em soprar uma garrafa de vidro para tentar enchê-la como um balão de borracha. Se alguém fizer a experiência, observará que o vidro é *inelástico*, que o ar soprado vai se acumulando e que, a partir de determinado momento, a garrafa não mais recebe ar, a menos que seja injetado sob pressão.

Fenômeno semelhante ao da *garrafa* pode ser observado em outros casos, sob condições diferentes. Por exemplo, em um automóvel que corre velozmente na pista com os vidros das janelas levantados e o vidro traseiro firme, mas que teve o para-brisa retirado previamente.

A cabine do automóvel funciona como a garrafa: recebe ar sob pressão até o ponto em que toda a poeira, folhas e insetos que surgem em sua frente são desviados para fora, pois a cabine está totalmente *saturada de ar*.

Não estou aconselhando a retirada do para-brisa dos carros. Afinal, ele assegura maior comodidade e sua falta permitiria que os bancos, rádio e outros objetos fossem furtados facilmente. Apenas estou querendo dizer que, numa situação de emergência, o para-brisa não é assim tão essencial.

Mas, voltando à estrada: o motorista, enfim, chegou à sua casa, colocou colírio e... O EFEITO DA GARRAFA SE REPETE. Não mais no automóvel, e sim na própria casa!

Os ambientes domésticos, em sua maioria, não têm boa renovação de ar. E vou mais longe: nos escritórios, nos hospitais, nas fábricas, nas escolas e nos hotéis são frequentes os ambientes pouco ou mal ventilados. Digo e provo! Observe a quantidade de aparelhos de ar-condicionado e de ventiladores nos locais que você visitou nos últimos dias. Considere, ainda, os ambientes que, não possuindo tais aparatos, seriam bem mais confortáveis com eles.

Antes desta experiência, verifique se a lataria não está comida por ferrugem.

Em geral, as cidades crescem desordenadamente; as construções são feitas umas por cima das outras. Contudo, isso não justifica tantas salas, tantos corredores, tantos sanitários abafados, úmidos, quentes, fedendo a mofo ou coisa pior e que se assemelham à cozinha de navio velho: quente, cheia de fumaças e de vapores, abafada, mil odores superpostos, panelas, pancadas, chiados. Só consigo imaginar de pior uma festinha *hippie* no porão de uma casa antiga, gente aos montes, muita fumaça (cigarros!?), guitarras elétricas em seis canais de muitos megawatts, luz negra e lâmpadas estroboscópicas de todas as cores. Muito próximo do inferno de Dante...

Deixe-me adaptar à luz do sol, tirar o tampão dos ouvidos e respirar... AHHH! Agora posso continuar. Em parte, eu me conformaria se a solução para a boa ventilação fosse sempre difícil, cara e complicada e se dependesse de grupos de trabalho, de requerimentos, de vistos e de carimbos.

MAS NADA DISSO É NECESSÁRIO! Então... bom. Vamos começar do princípio.

2. O calor

Geralmente, não se diferencia ventilação de aeração, e não falta quem diga que são dois rótulos diferentes para o mesmo produto.

- **Ventilação**, já diz o nome, é ação do vento: movimento do ar. A direção e a velocidade do ar, o efeito do calor, da pressão e da subpressão são coisas que a geografia física explica ou, pelo menos, tenta explicar. Na página 63 e seguintes, os fatos principais são apresentados resumidamente.

- **Aeração** é a renovação do ar por efeito natural do vento ou de outra causa.

Já se foram muitos anos desde que os biólogos verificaram que o homem precisa de, aproximadamente, 0,66 m³ de ar por hora. No entanto, são comuns os ambientes com insuficiente renovação de ar. Nota-se isso pelas atitudes das pessoas ao abrir a camisa, abanar o rosto com as mãos ou com um pedaço de papel, ligar o ventilador, ou nos gestos de impaciência e de irritação. O que se deve fazer para que um ambiente seja bem arejado e não abafado? Chegaremos lá. Antes, será necessário entender COMO FUNCIONAM a aeração e a ventilação.

Quando se leva ao fogo uma panela com água, o líquido passa a receber calor e, ao atingir determinado grau de aquecimento, começa a borbulhar. Porém, antes que isso aconteça, pode-se observar que se formam, no fundo da panela, pequenas bolhas de ar que sobem, de início na vertical (1) e, depois, em movimento circular (2). Pedacinhos de papel jogados na água permitirão acompanhar esse movimento, chamado em física de "corrente de convecção".

O calor

A física explica o fenômeno: as moléculas de água, quando aquecidas, sobem; ao atingir a superfície, elas perdem uma parte do calor, descem pela periferia e tornam a ser aquecidas.

Muitos alunos meus já pensaram em fazer a experiência de ferver a água em uma panela de pressão... com seu professor dentro. Não sei exatamente o que ocorre no interior da panela de pressão, mas você pode imaginar o que aconteceria ao retirar a tampa... Olhe as Figuras 1 e 2!

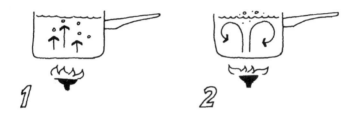

A circulação do ar num ambiente tem muita semelhança com o fenômeno da água a ferver: o ar aquecido SOBE, por ser mais leve que o ar frio. Os balões de São João e os pioneiros da aviação (que eram muito corajosos e nada burros) provam isso. Entretanto, nas construções em geral, a semelhança do comportamento do ar com o da água que ferve acaba na subida do ar.

É que, em muitas casas, EXISTE A TAMPA, permanentemente: que recebe o nome de forro ou telhado. O ar aquecido sobe e NÃO TEM SAÍDA! Forma-se, então, uma camada de ar quente, viciado, que não se renova, cada dia mais poluído.

Como permanece aquecido o ar dentro da casa?

Fontes de aquecimento é que não faltam: o calor do corpo humano, o sol sobre telhado e paredes ou penetrando pelas portas e janelas, o fogão, o refrigerador (o compressor gera calor), a televisão, os eletrodomésticos em geral, o ar aquecido que vem de uma área ensolarada, a lâmpada elétrica.

Não haverá renovação de ar se não forem construídas saídas para o ar quente: aberturas na parte mais alta do teto. É o começo (ou o fim) da aeração. Mas isso não é tudo. Há outras exigências. Será necessário estudar essas aberturas. Como? Quando? Onde? Quantas?

3 Saída de ar

Como a função das aberturas é permitir a saída do ar quente, elas devem ser feitas na parte mais alta do ambiente.

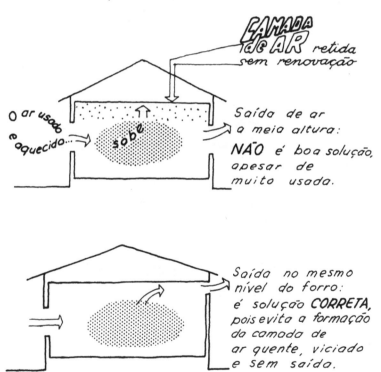

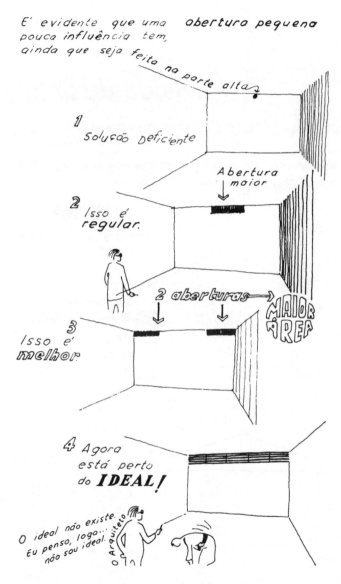

As venezianas na abertura de saída de ar tiram muito o efeito da ventilação: em muitas ocasiões, o ar fica quase ou mesmo totalmente parado, sem movimento, e não tem força de inércia suficiente para transpor o obstáculo da veneziana.

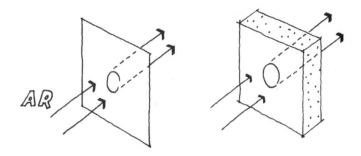

Outro detalhe a observar: o ar passa facilmente através da abertura feita numa lâmina delgada. A abertura de mesma área feita numa parede grossa apresenta uma situação muito diferente: a quantidade de ar que passa pela abertura da parede é bem menor que na lâmina, e tanto menor quanto mais oblíqua for a direção do vento.

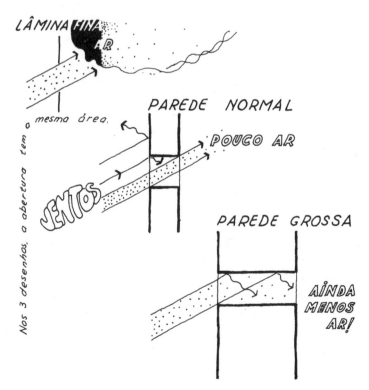

Portanto, aberturas pequenas numa parede contribuem muito pouco para a boa ventilação, apenas são melhores que nada. A saída de ar é tanto menor quanto menores e mais afastadas estão as aberturas umas das outras. É preferível concentrar as saídas de ar em uma só com maiores dimensões.

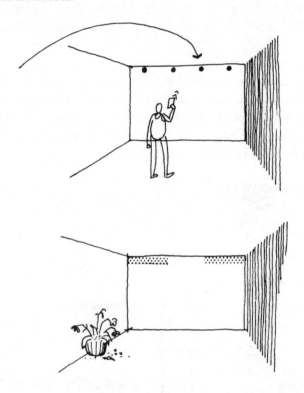

Nada tenho contra a arquitetura atual. Como arquiteto, dela sou representante e acredito que cada época e cada povo tem sua expressão arquitetônica. Mas, sinceramente, não posso deixar de dizer que a nossa arquitetura deu marcha à ré em matéria de ventilação. Por falta de um grito? Por (mau) espírito de imitação? Não sei. Veja, por exemplo, o que se fazia na arquitetura do Brasil Colônia (de Portugal, entenda-se!) e verifique se tenho ou não razão.

Saída de ar

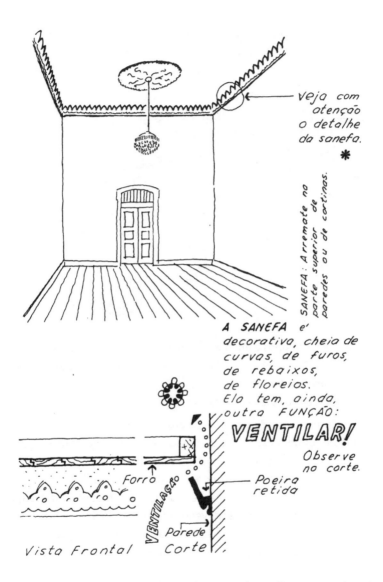

Não é barato, mas é confortável. Pensando melhor, o que é mais caro: a ventilação natural ou o ar-condicionado?
Tem mais!

Posteriormente, os arquitetos empregaram uma solução mais econômica e tão eficiente quanto a anterior. Trata-se do forro vazado feito em gelosia ou, em outras palavras, em sarrafos de madeira formando xadrez.

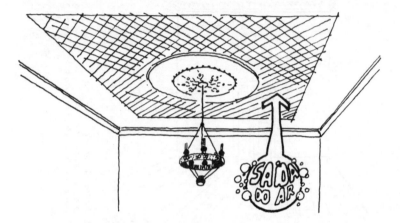

Em outros tempos e em outro ambiente, os arquitetos do Antigo Egito, de clima tão quente como hoje, projetaram uma construção da mais alta eficiência em termos de ventilação. Comentarei, mais adiante, o projeto simples e ecológico dos antigos arquitetos egípcios.

Em outros campos que não o da arquitetura, existem produtos cuja ventilação foi bem estudada. Os nossos fabricantes de ônibus, depois de copiarem, durante muito tempo, os modelos europeus, resolveram buscar soluções locais. Antes, porém, arejaram a própria mentalidade, não sei se atendendo a reclamações ou por outro motivo. O fato é que a cabine do ônibus passou a ser ventilada, ganhando duas aberturas *no teto* para a saída do ar! São alçapões móveis. Não se chegou ainda ao ideal, mas isso significa considerável avanço em relação ao que se fazia.

Na cabine de alguns caminhões, você poderá observar o aperfeiçoamento mais recente: a entrada de ar pela parte inferior da porta através de uma espécie de veneziana. Um alçapão no teto, igual ao dos ônibus, complementa o conforto do motorista.

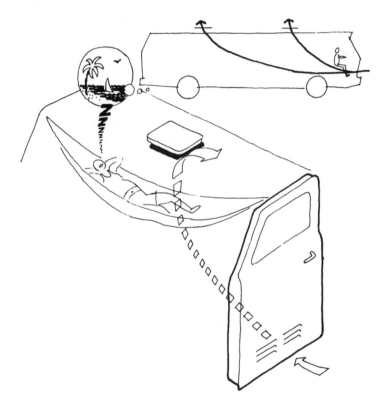

4 A entrada de ar

A entrada de ar é tão importante quanto a saída! Mas sair o que, quando nada entrou?

O comportamento do ar deve ser sempre considerado: o ar aquecido sobe. Assim, para que a ventilação seja ideal, deve entrar ar frio (ou menos quente) pela parte inferior.

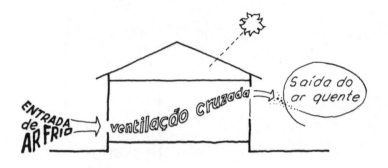

Primeiramente, você estudará a entrada de ar. Como fazer para que penetre ar frio, ou menos quente, é coisa que será vista adiante.

Em locais quentes e abafados, as pessoas abanam o ar próximo da face. O rosto é a parte do corpo mais sensível ao calor; em seguida, vêm as mãos, o antebraço e o tórax; por fim, estão as pernas e os pés, pouco sensíveis ao calor. Conclui-se, então, que, em geral, não há necessidade de circulação de ar nas áreas mais próximas do piso. Isso iria concorrer para levantar a poeira do piso, sem maiores reflexos no conforto... (Atchim!!!) É melhor criar uma leve corrente de ar na altura de aproximadamente 40 cm do piso. Janelas e venezianas colocadas no nível do piso permitem que até mesmo um vento fraco carregue poeira e detritos para o interior da habitação. A melhor solução é plantar grama e elevar o nível do piso.

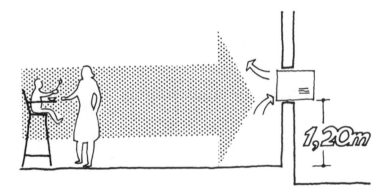

Os fabricantes recomendam a instalação de condicionadores de ar numa altura entre 1,00 m e 1,20 m, para que a faixa ou zona de conforto atue sobre o corpo humano com a máxima eficiência.

Quando o ar-condicionado é colocado muito baixo, tende a esfriar o piso. E quando é colocado muito alto, cria a zona de conforto acima das pessoas, portanto, com efeito pouco perceptível.

5. Circulação do ar

Criadas as duas condições básicas para a circulação do ar (entrada e saída em alturas apropriadas), você verá o que acontece com o ar no INTERIOR dos ambientes.

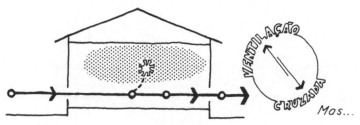

... entrada de ar baixa + saída baixa = Parte do ar circula no nível do piso, outra parte fica RETIDA no forro.

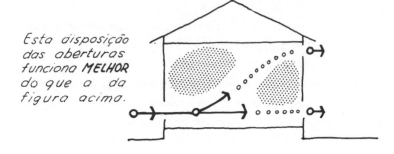

Esta disposição das aberturas funciona MELHOR do que a da figura acima.

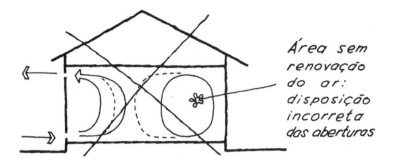

A maior ou menor intensidade da entrada de ar cria uma área, respectivamente, menor ou maior de ar sem renovação, que fica retido pela parede do lado oposto às aberturas.

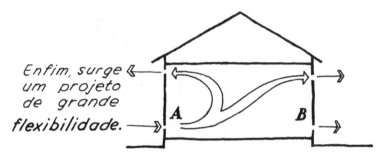

Pela inversão do sentido da ventilação, as aberturas A e B passam a funcionar no sentido inverso ao das setas.

A existência da corrente de ar é responsável por boa parte da sensação de bem-estar. A temperatura também favorece o bem-estar, mas, em temperaturas elevadas, digamos que em torno de 30 °C, a sensação de conforto é bem maior em ambiente que possua boa circulação de ar do que em um local confinado. A temperatura elevada provoca a transpiração e a movimentação do ar facilita a evaporação, baixando, consequentemente, a temperatura do corpo; daí a sensação de relativo conforto. Onde não há circulação do ar, a evaporação do suor se faz mais lentamente, gerando desconforto.

O ventilador, de modo geral, não renova o ar. Como certas pessoas, ele apenas agita, tumultua. Faz uma espécie de coquetel, misturando ar quente e ar frio das camadas alta e baixa. O ventilador provoca alguma evaporação e conforto, mas não é higiênico, pois não introduz ar externo e, consequentemente, não promove a renovação do ar no ambiente.

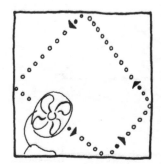
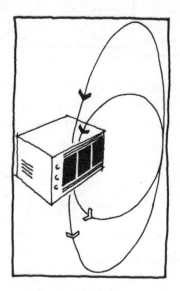

Coisa parecida ocorre com os aparelhos de ar-condicionado: eles recirculam *o mesmo ar* do ambiente durante horas seguidas. O filtro retém parte da poeira, a umidade é reduzida, mas o oxigênio vai sendo, progressivamente, substituído por anidrido carbônico. Muito pior fica quando existem fumantes: a fumaça aumenta por acumulação. Nos tempos antigos, não se costumava fumar em ambientes fechados. Boa norma de educação, de higiene e de respeito aos não fumantes! E ela está de volta; começou na Suécia e vai se alastrando.

Em ambientes dotados de condicionadores de ar, a renovação do ar somente pode ser feita por meio de dispositivo especial – raramente utilizado, pois reduz a eficiência do aparelho – ou quando se abre uma porta.

O sistema de ar-condicionado central é mais higiênico, em teoria, pelo menos: ele capta e injeta ar do exterior e retira parte do ar viciado.

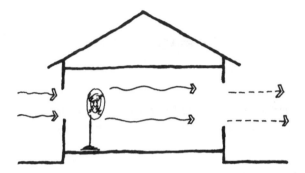

Voltando ao ventilador: ele pode ser usado para forçar a saída de ar quando dirigido para uma janela, o que faz o ar entrar pelo lado oposto. Pouca gente percebe esse fato e quase todos orientam o ventilador para si, até que, ao descuidar-se, o vizinho aponte o ventilador para sua própria direção.

Quase sempre o ventilador de pé ou de teto funciona, na realidade, como turbilhonador: ele movimenta, agita o ar, mas não faz renovação.

Essa agitação do ar provoca, é verdade, evaporação do suor e, daí, o aparente conforto; sem higiene, já se vê, pois o suor fica em suspensão no ar, como a poeira.

6 Aeração natural

O esquema "entrada de ar frio/saída de ar quente" corresponde à renovação natural do ar e funciona em qualquer escala: numa fábrica, numa residência ou num armário. O desrespeito à natureza é responsável por muita roupa e sapatos mofados, por muitos livros devorados por cupins (térmitas). Fala-se de renovar o ar ao ser aberta UMA porta de guarda-roupa que tem outras cinco: não tem sentido. Seria bem mais simples fazer a renovação natural, permanente e independente da abertura das portas. Aliás, uma porta como a da figura abaixo não está ventilando praticamente nada: a abertura ilumina o caminho dos insetos, porém não renova o ar.

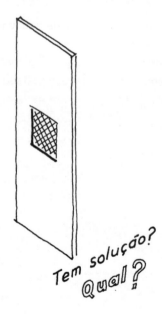

Tem solução? Qual?

Aeração natural

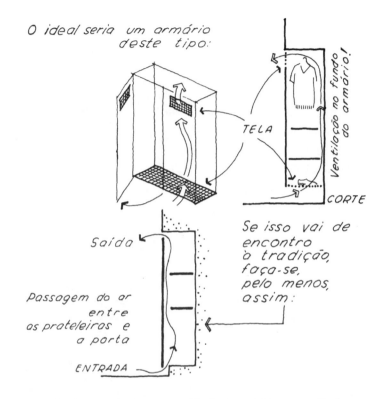

A saída da camada de ar aquecido é essencial à renovação do ar, por isso, é necessário conhecer o comportamento dos diversos materiais e tipos de cobertas para se fazer um projeto adequado.

Nos mocambos do Nordeste, cobertos de palha, a saída de ar é muito boa quando a cobertura é ainda recente; no entanto, ela se torna deficiente quando o material começa a ceder por sua natural deterioração. Há quem faça uma pequena abertura triangular no alto da empena: excelente solução.

A habitação coletiva do índio brasileiro é outro projeto de extraordinária adequação ao ambiente. A maloca indígena permite a realização simultânea e sem interferências de funções como: repousar, cozinhar, trabalhar e divertir-se. Note bem: são setenta pessoas, em média, numa maloca!

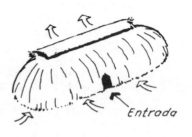

A cobertura com telhas de barro do tipo canal ou colonial também funciona como saída do ar aquecido. Nesse sentido, as telhas de barro de fabrico manual são superiores às de procedência industrial: suas pequenas falhas e irregularidades concorrem para maior saída de ar.

As telhas do tipo francesa ou marselha, que deixaram de ser fabricadas, reduziam sensivelmente a saída de ar por terem encaixes e sobreposições bastante regulares. Para melhor aproveitamento de suas características, as saídas de ar devem ser colocadas próximas da cumeeira, através de telhas de tipo especial (figura central, ao lado) ou pelo capote (figura inferior).

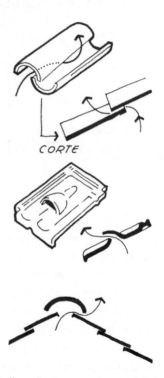

Na arquitetura colonial brasileira, as telhas do tipo canal eram fabricadas com dimensões bem maiores do que hoje (o dobro e, em alguns casos, o triplo), o que tornava possível fazer a cumeeira sem argamassa, usando telhas soltas, sem correr o risco de infiltração de água, e deixando livre a saída do ar aquecido.

Aeração natural

Costuma-se dizer que a cobertura de telhas de fibrocimento é mais quente que a de telhas de cerâmica (barro cozido). Isso é parte da verdade. As telhas de barro cozido absorvem melhor o calor do sol, em comparação com as de fibrocimento, que são mais leves e mais delgadas. Entretanto, o não atendimento às recomendações do fabricante é que é o maior responsável por aquela fama. As telhas de fibrocimento, por causa de sua fabricação em série, formam um telhado quase totalmente vedado; é mínima a quantidade de ar que passa entre as telhas.

O telhado de fibrocimento somente é eficiente quando bem projetado, em conformidade com as recomendações do fabricante, fruto de sua experiência. Por exemplo: existem cumeeiras especiais de ventilação, mas elas não são encontradas nos armazéns ou lojas. Somente a consulta ao catálogo do fabricante permite saber de sua existência.

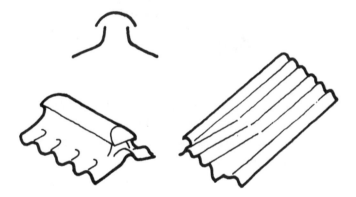

Além de mais caras que o tipo comum, as telhas de ventilação devem ser pedidas diretamente ao fabricante e pouca gente está disposta a complicar e a encarecer suas construções, ainda que isso dê resultado positivo. Se essa economia mínima no material compensa o desconforto resultante é outra história...

Por falar em material, na 2ª parte deste livro há um capítulo inteiro sobre a tecnologia das cobertas.

Sob o ponto de vista da ventilação, constrói-se, hoje, com muita irracionalidade. Mas nem sempre foi assim; ao contrário. Está aí a arquitetura colonial brasileira. E muito, muito antes: a do Antigo Egito. O conhecimento das leis da física provavelmente não estava ao alcance dos egípcios há três mil ou mais anos, mas veja como a ventilação foi extraordinariamente bem resolvida – sem ar-condicionado, sem isopor e sem lã de vidro – no templo ilustrado. O teto é uma laje dupla de pedras: o vazio entre as duas lajes é ocupado por uma camada de ar que se renova – o mais barato e mais eficiente isolante já imaginado. E que não paga *royalties*.

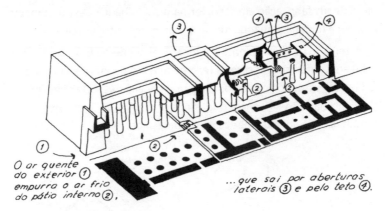

Na medida em que se penetra no templo, o piso é mais elevado, o que reforça a corrente natural do ar quente; o progressivo rebaixamento do teto e das dimensões das salas (redução do volume) mantém a velocidade do vento. Saídas de ar laterais, muito bem dispostas, completam esse extraordinário exemplo de ventilação natural.

O projeto egípcio não deve ser copiado, mas pode *adaptar-se* muito bem aos materiais atuais, como se vê no desenho abaixo.

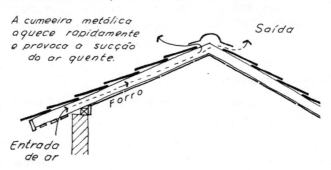

7. Janelas e ventos

Como nem sempre as portas permanecem abertas, o ar entra, na maior parte do tempo, pelas janelas. Janelas de diversos tipos. As corrediças, na disputa do tipo de ventilação que seja *pior*, têm um forte concorrente: o tipo basculante. Ambos os tipos, embora deixem passar luz, prejudicam muito a entrada de ar.

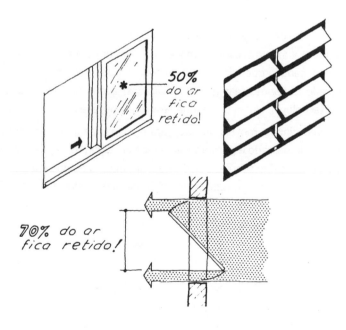

Existem outros tipos de janela com efeito redutivo de ventilação, como se vê na figura a seguir.

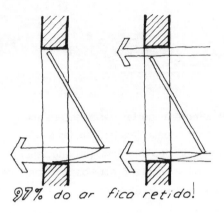

97% do ar fica retido!

As janelas de venezianas, infelizmente, estão caindo em desuso à medida que o alumínio substitui a madeira. É mais um exemplo de imitação irracional daquilo que não serve para o clima quente, embora possa ser adequado às regiões frias (e industrializadas) que exportam revistas, livros e tecnologia. Quem quiser que despreze a higiene e o bem-estar.

As venezianas, móveis ou não, foram usadas pela boa arquitetura brasileira do passado e permanecem ainda em algumas regiões nordestinas. É um detalhe simples e não vale o argumento de que *encarece* os custos. Como em quase tudo, a repetição baixa os custos de fabricação.

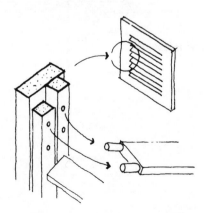

Há quem diga que as aberturas para a ventilação natural permitem igualmente a passagem dos insetos.

Para começo de conversa, as construções em geral não possuem aberturas específicas para a boa aeração. Os vãos existentes são apenas os necessários para permitir a passagem de pessoas ou para a iluminação (portas e janelas). Ocorre que, nessas mesmas construções, pode-se encontrar grande variedade de insetos: baratas, embuás, cupins, formigas, pernilongos, moscas, traças, aranhas. Telas, inseticidas e, especialmente, limpezas periódicas reduzem (sem extinguir) esses bichinhos incômodos. Conclui-se, portanto, que a presença de insetos não se deve à existência de aberturas de ventilação.

Uma medida efetiva contra os insetos é fazer o piso levantado em relação ao terreno, pois, se uma edificação é construída com o piso no mesmo nível do terreno circundante, não existe obstáculo à entrada dos insetos. O caminhar é feito num só plano horizontal, livre de obstáculos, sem subidas...

Em casas construídas sobre palafitas, a entrada de insetos é feita unicamente pelas estacas (área mínima em relação ao piso) ou por via aérea.

Em regiões de clima quente, o piso mais elevado em relação ao terreno por meio de aterro, de porão ventilado ou de pilotis é boa alternativa para melhorar a ventilação, uma vez que é mais higiênico; e, em terrenos úmidos, essa solução reduz a umidade dos pisos e das paredes.

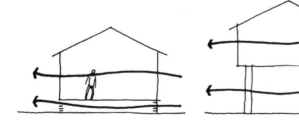

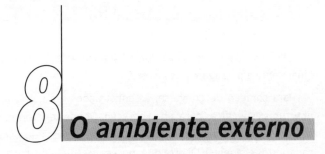

O ambiente externo

A ventilação das construções é baseada na entrada do ar e em sua saída imediata. As velocidades de entrada e de saída são proporcionais, mas os obstáculos à circulação do ar reduzem tais velocidades.

Para que se tenha melhor ideia dessa redução, basta saber que, nas grandes cidades, a velocidade dos ventos é, em geral, de 1/3 daquela que existe em campos abertos. Consequentemente, haverá aumento da temperatura...

Obstáculos reduzem a ventilação na cota mais próxima do piso.

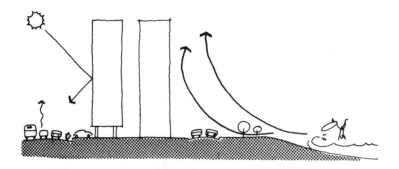

Muitas cidades litorâneas seguiram o (mau) exemplo do Rio de Janeiro, na praia de Copacabana, e pagam por isso: somente os prédios da beira-mar usufruem da ventilação quando os ventos sopram do mar! O ar perde velocidade nas camadas mais próximas do solo diante da existência de obstáculos naturais e, também, dos altos edifícios.

Outro mau exemplo é o da figura abaixo.

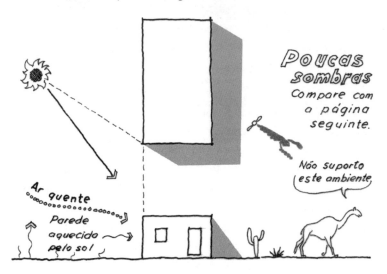

Ventilação com ar menos aquecido pela existência de sombras

Parede protegida do sol

Se o ambiente externo é quente, a eficiência da ventilação fica diminuída com relação ao conforto. Uma casa com amplos beirais e com árvores ao seu redor está em muito melhores condições de ventilação do que outra sem beirais e em terreno despido de vegetação.

Além das áreas de sombra criadas por meio de árvores, arbustos e beirais, há outro recurso igualmente simples e eficiente: o gramado. Geralmente, a palavra está associada à grama inglesa ou havaiana, mangueiras, aspersores, jardineiros, aparadores de grama; em suma: alto custo, manutenção difícil, luxo e supérfluo. No entanto, minha ideia é muito diferente!

Quando falo em gramado, penso naquela vegetação nativa, resistente e rasteira que nasce e cresce por si só. Periodicamente seria feita uma limpeza. Nada de complicar a natureza. Um gramado, seja de que tipo for, reduz o aquecimento do solo e permite circular vento menos quente do que em terreno nu. Além disso, retém a poeira.

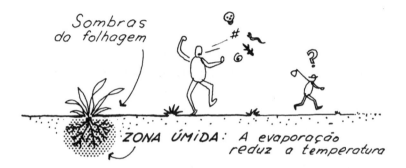

Dói na gente ver o capinador roçar, destroçar a grama nas calçadas e nas ruas. Bom seria que as prefeituras pusessem esses trabalhadores a regar e plantar árvores naquelas ruas quentes, secas, nuas e sem sombras.

Abro parênteses para esclarecer que nada tenho contra o ar-condicionado em si. Minhas restrições são feitas ao seu uso abusivo e, de outro lado, ao fato de ser um equipamento de compra e manutenção caras e, por isso mesmo, fora do alcance da maioria. E mais: a energia tende, no futuro, a se tornar menos abundante e mais cara. O ar-condicionado tem a qualidade de ser parcialmente filtrado, de não possuir excesso de umidade, de permitir o controle da temperatura, de evitar rajadas de ar, de tornar possível o isolamento sonoro do ambiente. O ruim de fazer o isolamento sonoro é que não é possível selecionar: são eliminados os ruídos da civilização tecnológica, mas também os sons da natureza. Se no local existirem árvores, ventos, pássaros, cigarras, tudo se perde: a sombra, a brisa e o canto.

9 Paredes e custos

A espessura das paredes nas construções da arquitetura antiga era decorrente do sistema construtivo; aquele paredão de um metro ou mais de espessura funcionava como barreira contra o calor. Isso não acontece com as delgadas paredes de hoje; poucas horas de sol são suficientes para que o calor as atravesse. Daí a necessidade de beirais amplos, de alpendres, de varandas.

Alega-se que o terraço coberto aumenta a área de construção e eleva os custos. Isso merece análise. O argumento principal é que o metro quadrado custa x reais; portanto, n metros aumentariam em $n \times x$ reais o custo da construção. Trata-se de ERRO GROSSEIRO, de raciocínio falho e sem estudo. É como aquele "carro popular" terrivelmente feio, mas que de tão vendido, de tão divulgado acaba passando sem ser notado, a não ser pelo barulho. Repetido ano após ano, passou a ser aceito. Assim também é o custo da construção. Como isso não é religião, nem doutrina política, podemos raciocinar a partir de fatos. Por exemplo: uma sala de 4 m × 5 m com interruptor, lâmpada, duas portas e uma janela foi orçada em R$ 40.000, o que resulta R$ 2.000 por m². Entretanto...

Paredes e custos

... se a sala fosse aumentada para 5 m × 6 m, o custo seria 30 m² × R$ 2.000 = R$ 60.000. NÃO! Isso está errado.

Se a sala tiver as mesmas portas, janelas, lâmpadas etc., o adicional será menor, pois apenas estariam sendo acrescidos alguns centímetros de fios e de eletrodutos, 10 m² de piso e de coberta e cerca de 10 m² de parede mais o revestimento correspondente. Tudo isso representa numa construção cerca de 30% do custo total. Assim, no exemplo considerado, esses elementos não onerarão o custo em R$ 20.000, e sim em R$ 12.000, ou seja, 30% de R$ 40.000. O custo final será R$ 52.000, e não aqueles R$ 60.000 do primeiro cálculo.

As estatísticas ou, melhor dizendo, sua *má utilização* é responsável por muitas distorções de projetos do "metro quadrado de construção a tantos reais".

Em geral, o lado econômico pesa na balança em prejuízo do conforto, e esse prejuízo aumenta quando os dados são mal utilizados.

Voltemos às paredes... Levando em consideração o custo, o isolamento com base na camada de ar circulante é ainda o mais eficiente. O ideal seria a parede dupla, como no desenho. É discutível nesse tipo de parede o custo, a dificuldade de construção, a precariedade da limpeza etc., mas não sua eficiência. Com ela, existe circulação de ar.

O tijolo furado atualmente em uso apresenta *câmaras isoladas,* mas não existem *canais* por onde circularia o ar quando aquecido. Essas câmaras funcionam como elemento isolante, mas, logo que são aquecidas, perdem seu efeito.

Isso não aconteceria se entre os tijolos furados não fosse colocada a argamassa; ao amarrar, ao fixar os tijolos, a argamassa fecha a circulação do ar. O problema não tem solução? Tem... e bastante antiga, por sinal! Basta substituir a argamassa por um sistema de encaixe dos blocos ou tijolos. Não tem segurança? As pirâmides do Egito ainda estão de pé! Assim como os terraços escalonados feitos nas montanhas do Peru pelos antigos incas. Os tijolos de seis furos, porém, não se prestam a esse tipo de montagem.

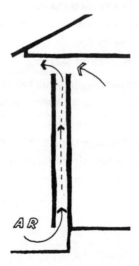

O problema fica, então, insolúvel? Longe disso! Basta usar a imaginação... Ou passar para a próxima página, para ganhar tempo.

Paredes e custos 45

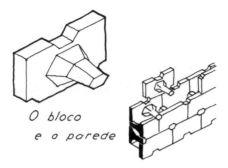

O bloco
e a parede

No projeto apresentado para habitações populares no Peru, o arquiteto Cristopher Alexander inovou com esta solução: blocos de concreto pesando 5 quilos e com encaixes alternados, permitindo a construção de até três pavimentos; a fixação é feita com enxofre, que – quando aquecido – permite a *remoção* dos blocos para colocação, por exemplo, de canalizações, para abertura de vãos, para reformas etc. (Observe que REMOÇÃO é muito diferente de destruição de tijolos.) O enxofre é abundante na região e, obviamente, noutro local, seria substituído por material da região. Mais detalhes podem ser encontrados na revista *Architectural Design* de abril de 1970.

O combogó ou elemento vazado pode constituir uma parede que fecha o prédio e evita a insolação excessiva sem impedir a passagem do vento; oferece, ainda, proteção contra a chuva de vento e dá privacidade sem eliminar a visão para o exterior. É barato e durável. Existe sob mil formas e tipos... Por que não usá-lo?

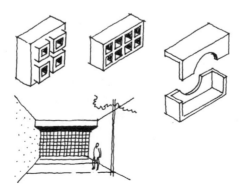

10 A água e o ar

Muita gente imagina que o ar, por ser leve e fluido, circula por si próprio ou é empurrado pela brisa mais suave. Essa ideia, embora bem aceita e simples, peca por absoluta falta de base: o moto contínuo permanece como ficção! Conhece-se a lei da inércia desde Newton e, como as demais leis da física, ela não pode ser posta de lado sob o risco de sérios prejuízos.

Nenhum arquiteto ou engenheiro pensaria em construir um prédio bastante alongado ou um simples passeio para pedestres (calçada) sem junta de dilatação. Em pouco tempo, surgiriam rachaduras ou fissuras, atestando que as leis da física não podem ser ignoradas sem pôr em risco a construção. Porém, quando numa construção o comportamento do ar não é devidamente considerado e os efeitos negativos não são vistos, eles continuam sendo *percebidos*. Assim, uma cozinha mal ventilada é uma tremenda mistura de odores: açúcar, sal, óleo, alhos e bugalhos. Sente-se, mas não se vê. Somente em casos exagerados a parede fica engordurada, pegajosa...

Estou grudado!
E eles dizem que
eu é que sou suja...

A água e o ar

Para ter melhor ideia daquilo que acontece no movimento do ar, basta que você observe o comportamento da água em condições semelhantes. Comece com uma mesa de tampo nivelado e polido; derramando um pouco de água no centro, ela se espalha em todas as direções e... para! A água não escorre para as bordas, a menos que: a) seja em grande quantidade; b) a mesa esteja desnivelada; c) haja uma corrente de ar capaz de empurrar a água num sentido.

Passando da água para o ar e virando a mesa de pernas para cima, o tampo vem a ser o forro. Uma porção do ar ficará retida no forro a menos que: a) haja grande quantidade de ar (a sobra poderia escapar); b) o forro seja inclinado; c) haja corrente de ar.

Os compartimentos de uma habitação devem ser ventilados, em quaisquer circunstâncias, durante todo o tempo, e não apenas quando sopra vento forte. O arquiteto deverá, portanto, criar as condições para a ventilação:

a) forro inclinado (de preferência);
b) saída de ar no alto (pelo próprio forro ou rente a ele);
c) entrada de ar baixa;
d) forro liso.

A pintura ideal é a óleo ou com acabamento em gesso. Quanto ao forro liso, volto à ideia da mesa e da água: se o tampo é áspero, rugoso, parte da água fica retida, ainda que a mesa esteja inclinada. Em escala menor, isso não é senão a repetição do que foi visto na página 38: os obstáculos reduzem a velocidade de circulação do ar.

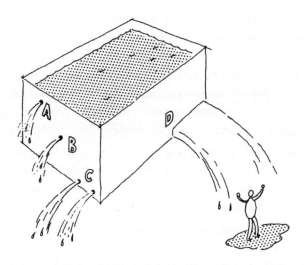

Comportamento semelhante ao do ar e da água sobre a mesa pode ser observado em outro exemplo: um depósito cheio de água é furado no ponto A; a água vai escapando com leve pressão até chegar no nível do furo, ficando retido o restante da água. Se em lugar do furo A fosse feito um furo B mais abaixo do nível A, a água escaparia com maior pressão do que em A. A pressão de escapamento da água seria máxima pelo furo C, feito no nível do fundo do depósito. O esvaziamento da caixa seria mais rápido ainda se, em lugar de vários furos no nível de C, fizéssemos uma única abertura D de maior área.

Imagine agora o depósito colocado com a tampa para baixo: o fundo é a laje do forro. Fica fácil imaginar como se comporta o ar e como ele escapa pelas aberturas feitas nas diferentes alturas.

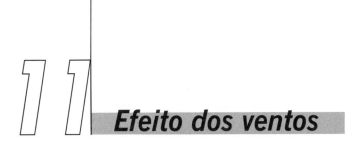

Efeito dos ventos

O planejamento da ventilação de uma construção deve considerar o aproveitamento máximo dos ventos dominantes no local.

O ar move-se naturalmente por dois motivos:

a) diferenças de pressão, isto é, zonas de compressão e zonas de subpressão;

b) diferenças de temperatura.

No caso de construções baixas, o segundo fator é pouco importante.

Antes da apresentação dos esquemas de ventilação observados em diferentes casos, deve-se lembrar que, em toda mudança de direção do fluxo de ar, existe perda de *energia* e de *velocidade*.

O estudo de modelos no túnel de vento mostra a importância do uso de uma abertura pequena na parede de pressão (entrada), fazendo com que o ar entre com movimento rápido e, ao mesmo tempo, uma abertura não muito grande na parede de subpressão, de modo que a corrente de ar seja sugada na saída e alargada depois dela.

Esse é, pois, um *princípio geral:* se no ambiente externo o ar circula com pouca velocidade, a abertura de entrada deve ser menor do que o vão de saída.

A colocação de aberturas pouco acima do piso fará com que uma parte do vento suba acima do prédio e que outra parte circule no nível do terreno. Esse vento levará para o interior a poeira e o ar aquecido, junto com detritos leves, folhas e papéis, a menos que se plante *grama*.

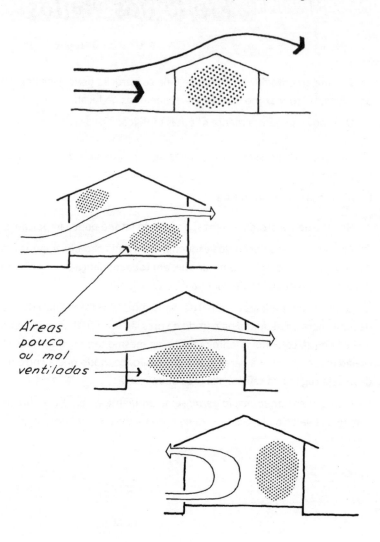

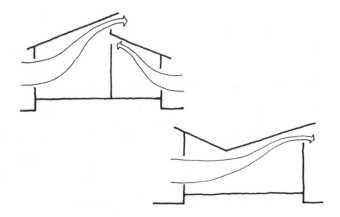

Acima: alterações na circulação do ar em função das aberturas feitas nas paredes.

Abaixo: ao encontrar obstáculos, o vento muda de direção e perde velocidade.

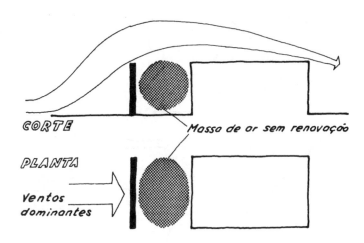

Aqui - como na página anterior - a ventilação está dirigida para o **TELHADO**, sem benefício para os moradores. No entanto, os obstáculos podem ser usados para dirigir a ventilação.

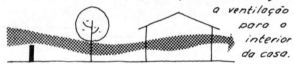

Observe como pequenas alterações permitem dirigir a ventilação para o interior da casa.

Nas **ARESTAS**, e nos esquinas, o vento muda de direção.

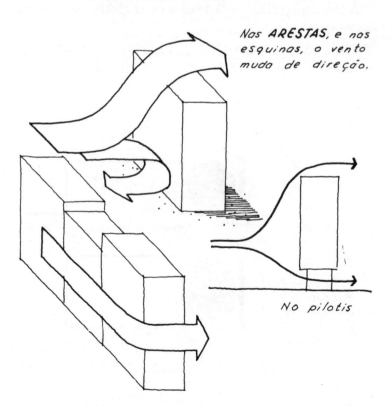

No pilotis

Os beirais e as venezianas podem ser usados para dirigir a ventilação. Aqui, as venezianas dirigem o ar para baixo:

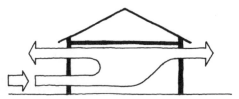

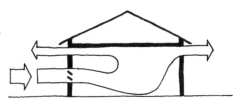

O beiral CURTO desvia a ventilação para o alto.

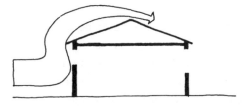

O beiral canaliza a ventilação para o interior.

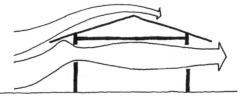

Observe o efeito de uma lâmina voltada para baixo.

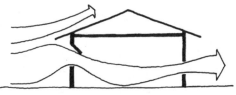

12 Controle da ventilação

No verão, o calor é atenuado, quase todo o tempo, por brisas suaves. Ventos fortes e repentinos causam sustos, levantam papéis e poeira; enfim, incomodam, particularmente quando a temperatura está fria. É aconselhável, portanto, que o sistema de entrada-saída de ar (ventilação cruzada) seja CONTROLÁVEL, de modo a evitar os excessos de vento ou de frio.

Em galpões e fábricas antigos, foram instalados aspiradores de ar movidos pela brisa vinda do exterior. Quando não há movimento do ar externo, o ar interno aquecido passa pelas palhetas e ganha o exterior. O mecanismo é tão simples que deixou de ser fabricado... Dispensava eletricidade e manutenção, não poluía. Portanto, não interessa à atual sociedade industrial, na qual as coisas devem ser sofisticadas, computadorizadas, poluentes, barulhentas, deterioráveis e de manutenção frequente e especializada.

Isso é mais uma prova de que a arquitetura bioclimática já foi feita em outras épocas. E bem-feita. É claro que sem esse nome bonito; naqueles tempos, falava-se de higiene do trabalho.

O vento do exterior gira as palhetas da turbina,

...criando a sucção do ar interno.

Outra aplicação da corrente de convecção ou subida do ar quente é nas chaminés ou no efeito de chaminé, pouco importa a designação.

Vulgarizadas pelas fábricas antigas – como os engenhos de cana-de--açúcar –, as chaminés saíram de moda quando surgiu uma tecnologia mais sofisticada, embora não necessariamente melhor.

Nas residências, o efeito de chaminé pode ser aplicado na ventilação de:

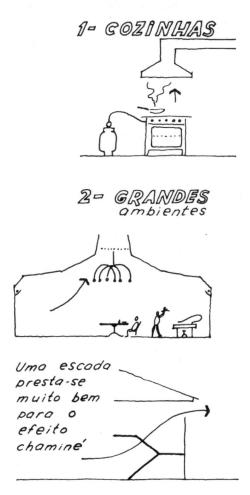

O poço de ventilação parece não ser muito higiênico. No caso de apartamentos, é comum encontrar moradores com educação e hábitos de higiene abaixo do normal. Seria bem mais saudável a tiragem de ar por meio de um tubo individualizado partindo de cada ambiente (sanitário ou despensa) e indo até acima da coberta; no poço coletivo, a passagem do ar pode ser individualizada.

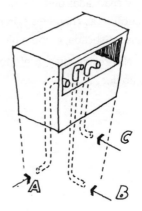

3 - SANITÁRIOS e despensas

Essa é uma lição da arquitetura europeia que não foi aprendida aqui, ao contrário do que ocorreu com as fachadas de vidro, que são um erro tecnológico (para eles também!), porém adotadas pelos arquitetos conformados e confirmados em modismos.

Solução simples, embora pouco usada, é a utilização de uma abertura no alto, na esquina da parede e rente ao forro.

Em ambientes de permanência rápida, como depósitos e despensas, o uso dessas aberturas poderia ser generalizado desde que fosse colocado elemento vazado (de cimento ou de cerâmica, por exemplo) que dispensasse o acabamento interno.

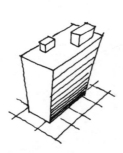
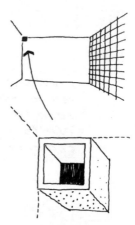

Controle da ventilação

Vale a pena lembrar a experiência plenamente aprovada da antiga arquitetura árabe, em que a chaminé tem dupla função:

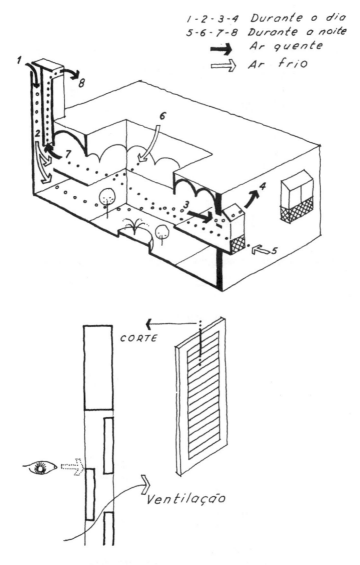

Outro recurso, tão simples quanto eficiente (de pouco uso, contudo), é a utilização de réguas alternadas para ventilação pelas portas.

As bandeiras de portas e de janelas podem ser usadas para assegurar ventilação permanente e controlada, ainda que a folha esteja fechada.

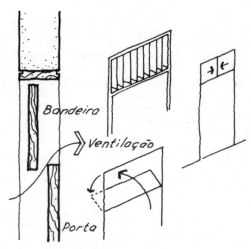

Deve-se prever que, em algumas ocasiões, poderá existir ventilação excessiva. Por isso, o projeto deve considerar *sempre* a regulagem das entradas de ar e, eventualmente, a das saídas. Essas serão controláveis no caso de terem grande área, dispensando-se a regulagem de pequenas aberturas de saída.

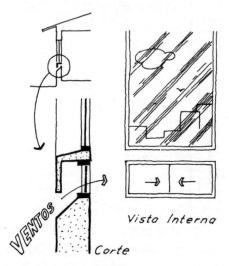

Controle da ventilação

A arquitetura bem projetada e adequada ao clima tropical – sem os extremos de frio e calor, nem de secura ou de umidade do ar – pode funcionar sem o recurso de aparelhos eletromecânicos de refrigeração e de ventilação.

É fácil identificar um projeto mal concebido: dentro dele, as condições de ventilação e de temperatura são piores do que as de fora. Absurdo?! Então, entre num desses prédios de fachada de vidro, desligue o ar-condicionado... É um forno! Ah! Com o ar-condicionado a plena carga, ele funciona.

Mas desde quando arquitetura é projetar sem integração e sem harmonia com o ambiente?! A integração não pode ser apenas estética, como não o é a arquitetura. A tecnologia existe e deve ser usada, mas não se deve confundir uso com abuso. Por outro lado, nem todo cliente é rico a ponto de liberar o projeto sem limite de custos. Mesmo assim, deve ser considerado que a energia elétrica e a água nem sempre estarão disponíveis em abundância e o tempo todo.

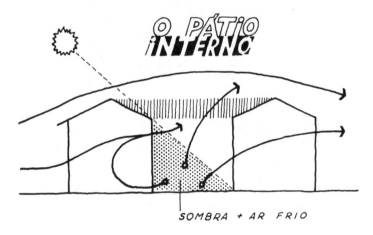

SOMBRA + AR FRIO

O ar mais frio é contido pelas paredes do pátio interno: ele é uma espécie de poço frio, cujo ar se expande até os compartimentos que abrem para ele. Melhor ainda se o pátio tiver árvores. Em qualquer caso, ele funciona como regulador térmico, sem complicação e sem custos adicionais.

O muxarabi – balcão cerrado por gelosias – é sacado em relação ao paramento não apenas por efeito plástico. Veja só:

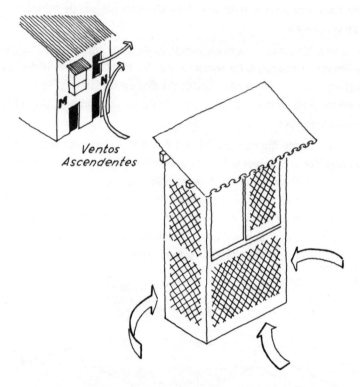

Os vãos M e N têm a mesma área, porém, quanto à ventilação, comportam-se muito diferentemente. O vão N dá saída ao ar interno, frio e mais denso, que é sugado pelo ar quente *ascendente* vindo do exterior.

No vão M, o ar menos quente do interior é levado por aragens vindas de QUALQUER DIREÇÃO. Embora M e N sejam vãos de área igual, o muxarabi tem muito maior *área de saída*: a face frontal (igual ao vão N) e mais as duas laterais.

Nem só de acertos se faz a arquitetura. Deve-se aprender, também, com os erros... Os alheios e os próprios. Essa é a finalidade dos exemplos analisados a seguir.

Não se pode afirmar com segurança que as grandes fachadas de vidro sejam o mais clamoroso erro da arquitetura em clima quente, mas, sem dúvida, é um deles.

Outro erro é o dos acréscimos feitos com telhados (quase) horizontais, muito usados em postos de gasolina ou em antigas residências adaptadas para bares ou restaurantes.

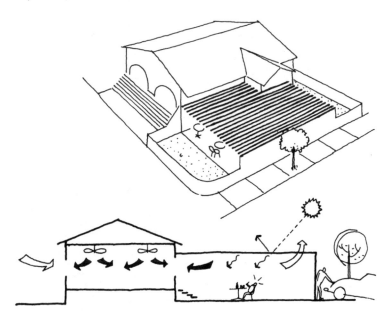

O telhado de alumínio, mesmo quando pintado, é bom transmissor de calor. Além do mais, quanto maior a superfície do telhado, mais a temperatura se eleva, pois a renovação do ar se processa apenas em um ou dois lados do perímetro da coberta.

Ainda não consegui descobrir as razões que impedem o uso de solução mais adequada, como a da página a seguir.

O custo do telhado é o mesmo nos dois casos. A claraboia:

a) melhora a ventilação;
b) proporciona luz difusa durante o dia, com consequente redução de gastos em iluminação artificial;
c) reduz ou dispensa a utilização de ventiladores.

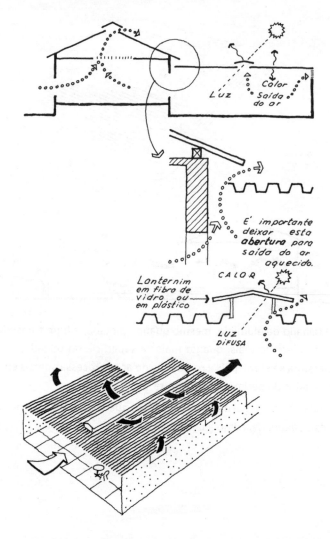

Teorias... etc.

Mais de uma vez, esse livro menciona zonas de alta e de baixa pressão de ar. O que vem a ser isso?

Tudo começa quando o vento atua diante de um obstáculo, criando uma zona de compressão (+) e outra de subpressão (ar expandido ou –). As aberturas nas paredes devem ser estudadas de tal modo que a zona de baixa pressão funcione como fuga ou sucção para o ar da zona de compressão, aproveitando a inércia do movimento natural do ar. Então, de onde vem o movimento do ar?

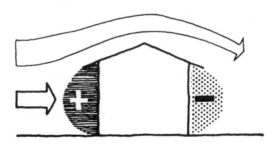

Sua origem tem a ver com a TEMPERATURA: o ar aquecido expande-se, torna-se mais leve, menos denso e sobe, criando uma corrente de convecção (–), como se viu no exemplo da água (Capítulo 2).

O ar frio é mais denso, mais pesado e tende a ocupar os espaços deixados vazios. Esse deslocamento produz o vento, o ar em movimento. O fato interessante é que uma massa de ar quente, menos densa, pode EMPURRAR uma massa de ar frio, mais densa: é o que ocorre nas chamadas frentes frias.

A meteorologia tem muito a ensinar sobre o regime dos ventos. Por exemplo: o ar da região equatorial ao ser aquecido pelo sol torna-se mais leve, expande-se e sobe. Em cada hemisfério, uma parte volta para o equador, formando os VENTOS ALÍSIOS, e a outra parte dirige-se para o polo.

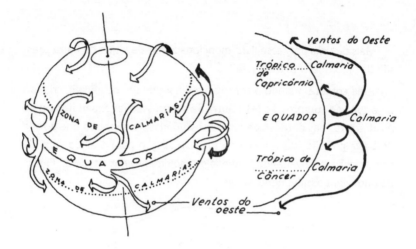

Os ventos alísios são dominantes na região entre o equador e os trópicos; entretanto, muitos fatores alteram o regime dos ventos: montanhas, florestas, rios, lagos, o mar. Em particular é preciso estar atento para o regime duplo nas regiões litorâneas.

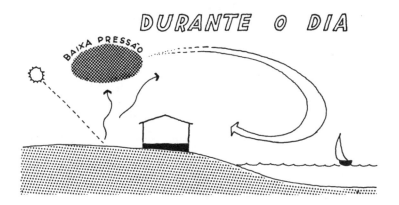

A terra é aquecida mais rapidamente que a água. O ar quente do continente sobe, criando uma zona de baixa pressão. O ar frio que está acima da água desloca-se para ocupá-la.

A terra esfria mais rapidamente do que a água. O ar quente sobe a partir da água, e o ar frio vindo do continente vai ocupar a zona de baixa pressão.

A inversão do sentido dos ventos (dia-noite) não pode ser esquecida nos projetos para regiões costeiras.

Aqui está uma relação de VELOCIDADES dos ventos:

Brisa suave	Sente-se o vento no rosto. O cata-vento gira. As folhas movem-se.	7 km/h
Vento moderado	Levanta a poeira e papéis soltos. Agita os arbustos e galhos finos.	18 km/h
Vento forte	Movimenta os galhos grandes. Assobia nos fios.	27 km/h
Rajadas fortes	Galhos finos são arrancados. É impraticável caminhar.	40 km/h

Seguem-se rajadas violentas, capazes de derrubar árvores, e, depois, as tempestades e os furacões.

Em resumo:

1. Aproveitar os ventos dominantes: estudar a orientação do projeto depois de conhecer o gráfico dos ventos dominantes na região.
2. Evitar perda de velocidade do vento, isto é, mudar a direção somente depois de um percurso tão longo quanto possível.
3. Uma abertura pequena para entrada de ar aumenta a velocidade: o ar se concentra.
4. A abertura de saída muito grande provoca perda de velocidade do ar: o ar se dispersa.
5. Tirar partido do efeito de chaminé. É gratuito!
6. Usar a ventilação cruzada: evita o efeito de estufa nos ambientes.
7. Não se esquecer da vegetação.
8. Examinar os obstáculos existentes ou colocados na passagem dos ventos.
9. Muita atenção com os materiais delgados; em geral, deixam passar o calor. Aplicar isolação térmica, se necessário.
10. A umidificação pode ser necessária nos climas secos.
11. Pensar sempre antes de fazer.

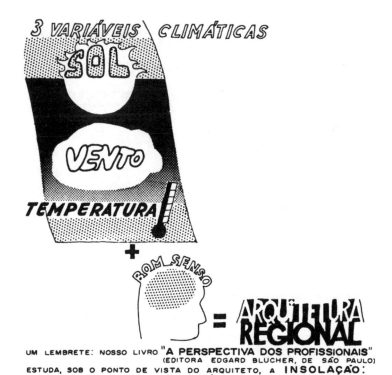

UM LEMBRETE: NOSSO LIVRO "A PERSPECTIVA DOS PROFISSIONAIS" (EDITORA EDGARD BLUCHER, DE SÃO PAULO) ESTUDA, SOB O PONTO DE VISTA DO ARQUITETO, A INSOLAÇÃO: SEUS GRÁFICOS E SEUS PROBLEMAS.

AGORA...

Conto com a sua observação e bom senso, ainda que eu não tenha conseguido transmitir *o espírito e a essência da ventilação natural*.

Lembre-se de que os melhores exemplos aqui apresentados foram sempre de povos que NÃO CONHECIAM FÓRMULAS, nem tecnologias sofisticadas, porém tinham a sabedoria adquirida pela experiência:

- a maloca do índio,
- o templo egípcio,
- a casa árabe,
- a arquitetura colonial nos trópicos,
- o mocambo nordestino.

Positivamente, isso não é COINCIDÊNCIA!

14 A origem das espécies de cobertas

Com licença de Charles Darwin, vamos começar assim: existe razoável possibilidade de acerto em imaginar o homem pré-histórico dormindo em galhos no alto de árvores para fugir dos animais existentes no solo, usando ocos de árvores como abrigo ou, ainda, refugiando-se em cavernas naturais.

Com o passar do tempo, surgiu a necessidade de mudar de local, talvez despejado pelo senhorio por atrasos na entrega do aluguel (pedaço de carne), o que nos casos mais graves elevava a dívida até uma manada inteira. Fosse como fosse, o inquilino fugia para outras regiões, deixando com o Banco Nacional dos Galhos sua dívida a cobrar: mais um galho.

O leitor já percebeu que essa é uma viagem HISTÓRICA, melhor dizendo, viagem à HISTÓRIA. Prossigamos a viagem.

A origem das espécies de cobertas 69

Antes de inventar o *trailer* rebocável, o homem usou como abrigos provisórios os galhos de árvores com folhas, grandes folhas, palha, enfim, o material disponível na região. Assim foi que aprendeu a fazer abrigos de gelo (esquimós), de couro com galhos (indígenas), de caniços com barro, de pedras soltas etc.

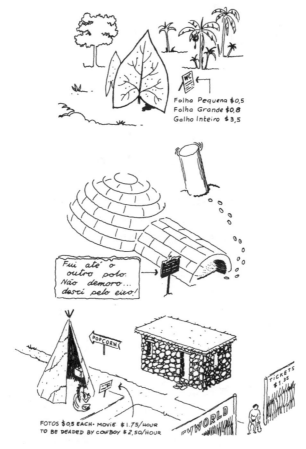

Supõem os estudiosos que, nos primeiros tempos, o homem agia por instinto – matava os animais para saciar a fome – e por defesa – matava os seus semelhantes. Mais adiante, o roteiro mudou: o homem passa a matar por pura perversidade ("divertimento" ou caça) os animais, e por ambição de poder e de dinheiro, a seus semelhantes. É a civilização que chega...

Usando sua maravilhosa inteligência, o homem aperfeiçoa os métodos e chama de guerra o extermínio sistemático e em massa. É claro que outros caracteres humanos também evoluíram paralelamente: a mentira, o roubo, a politicagem... Mas não foi somente o lado negativo que se desenvolveu: a construção também evoluiu e, com ela, surgiram variantes para a coberta.

A abundância de pedras em algumas regiões há de ter feito o homem primitivo pensar em sua utilização em cercas (para aprisionar animais ou para proteger-se deles), em muros e em paredes como abrigo.

Grandes pedras podem formar uma porta...

Nem sempre havia multidões de desocupados ou de escravos para levantar pesadíssimas pedras, de modo que restavam duas alternativas: inventar o guindaste ou usar uma cobertura de material mais leve. Supomos que o Departamento de Patentes não estava fiscalizando o pagamento de *royalties* e a segunda hipótese prevaleceu.

A origem das espécies de cobertas

As soluções foram muitas, a depender dos materiais disponíveis:

- esteiras trançadas de palha;
- folhas de palmeiras;
- galhos de árvores, com ou sem folhas;
- caniços e barro;

e outras que se podem imaginar. Por exemplo:

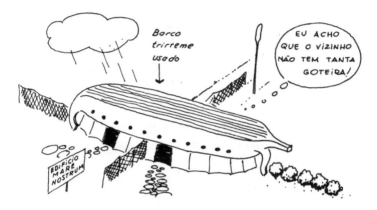

Após os primeiros desabamentos, as "prefeituras" passaram a ser mais exigentes na concessão do "habite-se". Por sua vez, o Sindicato dos Inquilinos aprovou proposta para que fossem feitas pesquisas sobre materiais alternativos. Surgiram soluções inesperadas, muitas delas bem-sucedidas. Até que um dia apareceu um arquiteto como coordenador das pesquisas e ele terminou por escrever este livro!

Antes de continuar, isto é, antes de começar a mostrar as variantes das cobertas, convém esclarecer umas tantas coisas. Os grandes edifícios de hoje – especialmente os de escritórios comerciais e de bancos – são completamente diferentes, como concepção arquitetônica, das casas do povo em geral.

Nos tempos antigos – foi assim entre os egípcios, os mesopotâmicos, os gregos e os romanos –, havia uma religião que não era centrada no dinheiro (como são os bancos de hoje), mas que desfrutava do poder ou era o próprio poder. Os governantes, reis, sumo-sacerdotes ou imperadores – que se julgavam deuses – construíram templos de pedra.

São esses os edifícios que ficaram na história da arquitetura. Mas o povo tinha um processo construtivo *completamente diverso*, como acontece hoje com as sedes de bancos, repletas de mármores e de vidros, e as casas populares feitas de latas, tábuas, zinco e papelão.

Naquelas civilizações, a casa popular era basicamente a mesma: paredes de tijolos de barro (cozidos ou não) e cobertura em trançado de madeira ou de caniços cobertos de barro, a exemplo do mocambo nordestino (casa de taipa). Portanto, nestes dois mil e tantos anos não mudaram muito os sistemas construtivos, nem as condições de vida da população que está fora do poder.

Em função do material disponível no local, o homem faz a cobertura com material vegetal (caniços, palha, folhas, capim) ou usa o vegetal como proteção da coberta de barro.

É difícil tentar reconstituir a evolução dos processos que levaram à descoberta das abóbadas e das cúpulas. Teria sido a partir de tetos de barro? Ou dos de pedras? Ou de ambos?

É possível que tenha começado assim:

A origem das espécies de cobertas

O passo seguinte é sair de baixo, já que o inventor não sabe como a coisa funciona. O outro passo – agora na escala evolutiva – é fazer o arco com muitas peças, como cunhas:

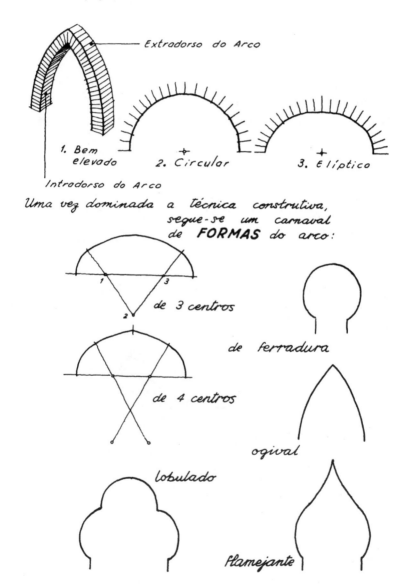

Até aqui, somente se fez o arco no *plano vertical*. A repetição do arco, um após outro, formaria a abóbada, um passo ousado e criador. A invenção não chegou a ser patenteada e, como deu certo, tem dezenas de pais... Assim como centenas de órfãos: os filhos dos construtores que, nas primeiras experiências, estavam debaixo na ocasião dos desabamentos. Segundo a maioria dos livros, os romanos foram os precursores das abóbadas ou, pelo menos, os seus divulgadores, pois os egípcios e os etruscos já as construíam.

O arco repete-se, formando a ABÓBADA:

O eixo é uma RETA.

A ABÓBADA DE BERÇO é formada por blocos de pedra AMARRADOS, como na alvenaria de tijolos.

O *cruzamento* de duas abóbadas dispensa semáforo e forma o que se chama "abóbada de arestas", no caso em que as duas abóbadas têm a mesma altura:

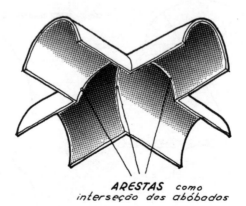

ARESTAS como interseção das abóbadas

Outros dados sobre arcos e abóbadas estão no livro *Geometria descritiva* – segundo volume, dos mesmos autor e editora.

O domínio da técnica construtiva levou à substituição dos pesados blocos de pedra por placas finas. Desenvolvida a tecnologia da pedra e – tudo indica – conhecido empiricamente o funcionamento estrutural, logo se chegou à arquitetura gótica.

No entanto, a arquitetura das habitações do povo (da plebe, como se dizia na época) permaneceu a mesma do tempo dos egípcios: em madeira e barro. Nas catedrais góticas, é claro, foram adotados processos avançados; assim, por essa época (Idade Média), começam a ser usados na coberta os planos inclinados formados por pequenas placas de pedra (ardósia, por exemplo) ou de barro cozido apoiadas sobre estrutura de madeira.

Como sempre, nada de novo sob o sol! A técnica construtiva da telha de barro veio provavelmente do sul da Ásia. Resta saber se chegou à Europa por reembolso postal ou por meio de viajantes de caravanas, que eram as agências de turismo da época ou (quem sabe?) pode ter havido na Índia, no Sião ou na China o I Congresso Internacional dos Fabricantes de Telhas, contando com a visita de arquitetos europeus.

A cerâmica ou barro cozido em fornos é técnica milenar, surgida antes das antigas civilizações dos vales dos rios Nilo e Eufrates (Egito e Mesopotâmia). Como e quando surgiu são incógnitas dignas do melhor detetive; há suspeita de que a descoberta tenha sido obra de puro acaso. Do cozimento do barro para a fabricação de telhas e outros artigos, não deve ter demorado muito.

Daí até chegar à tesoura de telhado não falta muito. Nos tipos antigos, como A, B e C, a estrutura é deformável e transmite empuxos (cargas laterais) aos apoios. Essa é uma das razões para a utilização, na arquitetura antiga, de grossas paredes capazes de resistir a tais empuxos.

Resumidamente, a técnica de construir com telhas era esta:

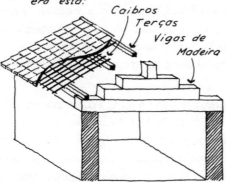

Caibros
Terças
Vigas de Madeira

As telhas são postas sobre as ripas; todo o peso é transmitido aos caibros, que o passa às terças e... estas, para as vigas. A viga mais baixa concentra todas as cargas e as descarrega sobre as paredes.

A estrutura, pesada e dispendiosa, evoluiu para:

Muito menor gasto de madeira!

Entretanto, ambas são pesadas e sujeitas a deformações; assim:

A   B

Seu maior defeito é transmitir **CARGAS OBLÍQUAS** ou **EMPUXOS** à alvenaria.
A alvenaria suporta bem as cargas verticais, porém resiste mal aos empuxos.
Surge, depois, a FALSA TESOURA, melhor do que os tipos anteriores, porém, igualmente deformável e gerando empuxos.

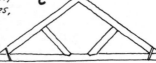

C

A percepção da ocorrência do empuxo e de suas consequências levaria – antes da descoberta das tesouras – à colocação de tirantes: barras de ferro ancoradas nas paredes com a finalidade de absorver os empuxos e transmiti-los à alvenaria sob forma de cargas verticais.

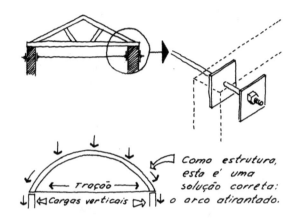

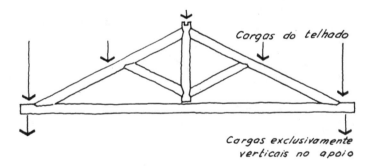

A tesoura funciona como elemento de absorção das cargas do telhado. Algumas de suas peças são submetidas à compressão e outras à tração; o conjunto fica em equilíbrio de modo que o apoio recebe apenas carga vertical. O assunto continua no Capítulo 17.

Voltemos às telhas. A pedra foi usada como cobertura, ora em grandes blocos ou lajes, ora em peças pequenas apoiadas sobre as estruturas que acabamos de mostrar e que são pouco a pouco mais bem construídas.

A utilização da telha de barro cozido provavelmente começou com telhas planas, como estas:

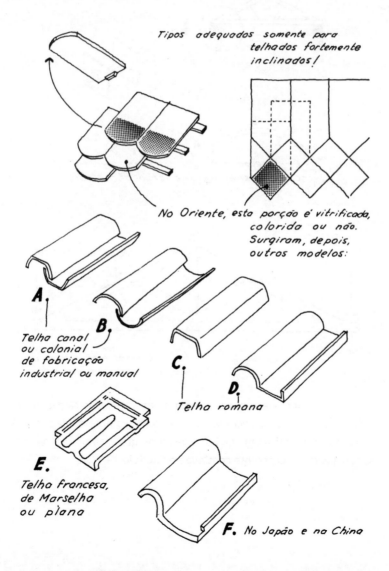

Na arquitetura colonial brasileira, encontraremos telhas do tipo canal com grandes dimensões:

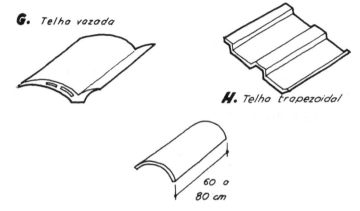

Os tipos G e H são modelos mais recentes, fabricados em cimento. Os tipos C e E (ver p. anterior) foram também fabricados em vidro, de modo a permitir iluminação natural em ambientes interiores (iluminação zenital).

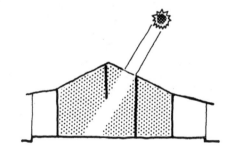

Permitem cobrir grandes vãos sem apoio intermediário de até 40 m. **Inconvenientes:**

- deixam passar o calor;
- transmitem ruídos;
- pouco resistentes à corrosão e, quando devidamente tratadas, se tornam caras.

- São de reduzida espessura;
- exigem estrutura de apoio;
- apresentam os inconvenientes da anterior, sem as suas vantagens.

- São leves e duráveis, reduzindo muito o peso da coberta;
- exigem apoios próximos;
- transmitem calor e ruídos;
- amassam e furam facilmente.

Quando usadas como sanduíche (duas telhas de alumínio ligadas por camada de plástico endurecido), permitem maiores vãos, isolam do calor e reduzem a propagação de ruídos. Em troca, o material plástico, quando submetido a fogo, desprende gases mortais.

TELHAS DE MADEIRA

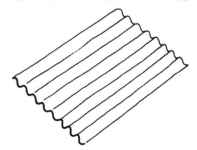

O alumínio em folha muito fina pode ser usado como proteção para telhas onduladas de madeira compensada. Elas são eficientes, porém pouco duráveis em climas úmidos, pois descolam e mofam com relativa facilidade.

TELHAS DE FIBROCIMENTO

Fibras de plástico misturadas com cimento permitem a moldagem de peças diversas, são comumente usadas em coberturas de caixas d'água e em tubulações.

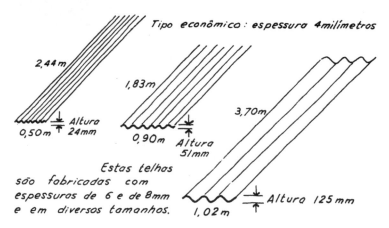

Em função dessas formas comercializadas, surgiram dezenas de peças complementares: cumeeiras, rufos, respingadores, tacaniças etc. As definições começam na p. 103. A maioria dessas peças não se encontra nos armazéns de construção, embora sejam fabricadas e constem nos catálogos dos fabricantes.

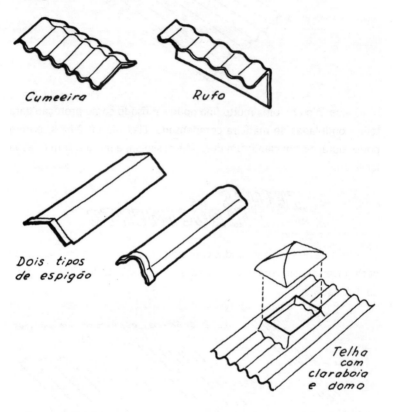

Inconveniente:

- O material deixa passar boa parte do calor, o que pode ser atenuado com um bom projeto de ventilação; se isso não ocorre, o material fica, injustamente, com a culpa.

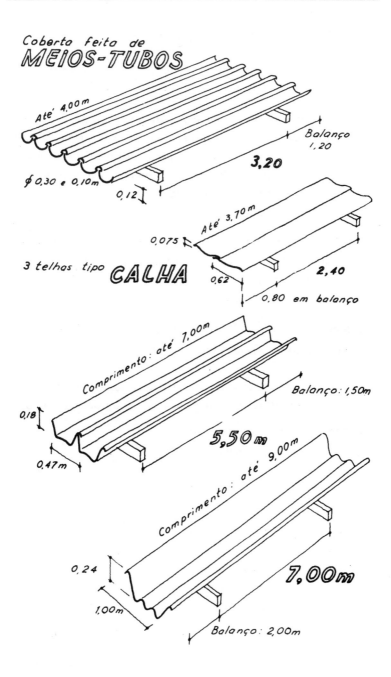

TELHAS DE PLÁSTICO

O progresso da indústria química levou à introdução dos plásticos na cobertura. Os mais usados são:

1. **PVC**: em telhas de perfil ondulado ou trapezoidal, como as de fibrocimento ou de alumínio (ver, respectivamente, nas páginas 81 e 80). São telhas leves, de material translúcido, servindo para iluminação zenital. Exposto ao calor do sol, com o tempo, o PVC descora e deforma-se. Tem, ainda, o defeito de todos os plásticos: a facilidade de acumular sujeira e poeira.

2. **Poliéster**: é uma resina que, reforçada com fibras de vidro, resulta em material bastante resistente. Comumente, o material recebe o nome de fibra de vidro ou *fiberglass* e pode ser fabricado sob forma opaca em cores diversas ou translúcido.

   Inconvenientes:
   - a perda de cor quando exposto ao sol;
   - o alto custo;
   - não é fabricado industrialmente, embora isso se torne uma vantagem na hora do reparo: o material pode ser trabalhado no local.

3. **Acrílico**: é outra resina plástica de uso generalizado, especialmente em domos quadrados ou circulares usados para uma ou mais funções.

   Inconvenientes:
   - exposto ao sol forte, o acrílico, com o tempo, tende a fissurar, embora sem se romper, e a tornar-se opaco;
   - não tem resistência para vencer grandes vãos.

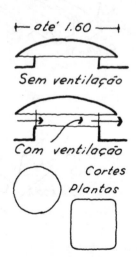

15 Tipos de cobertas

Na p. 102, faremos uma classificação geral das cobertas. Aqui, passados em revista os principais tipos de telhas, veremos o modo como foram utilizadas.

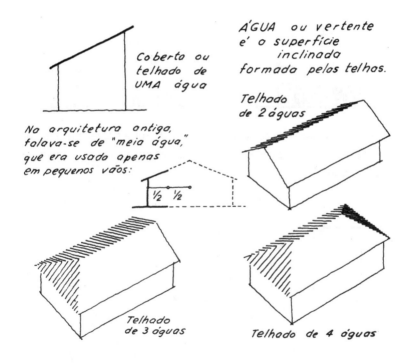

Coberta ou telhado de UMA água

ÁGUA ou vertente é́ a superfície inclinada formada pelos telhas.

Telhado de 2 águas

Na arquitetura antiga, falava-se de "meia água," que era usada apenas em pequenos vãos:

Telhado de 3 águas

Telhado de 4 águas

A inclinação do telhado será estudada no Capítulo 17, mas vale lembrar que, nas regiões onde cai neve, o telhado acumula carga extra. O telhado fortemente inclinado facilita o escorregamento da neve; assim:

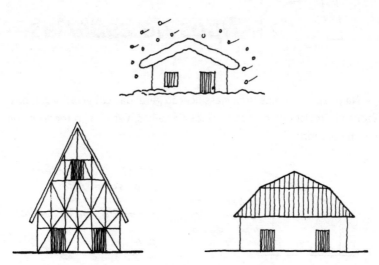

O chalé abaixo é de construção comum da Suíça e caracterizado por grande quantidade de águas; no Brasil, esteve em moda nas décadas de 1920 e 1930:

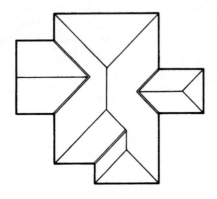

O telhado cônico é pouco usado por exigir telhas especiais.

Tipos de cobertas

Há um tipo de telhado adequado para resolver:

- o problema dos grandes vãos;
- a ventilação natural;
- a iluminação natural.

É o telhado Shed, de grande aplicação no projeto de fábricas.

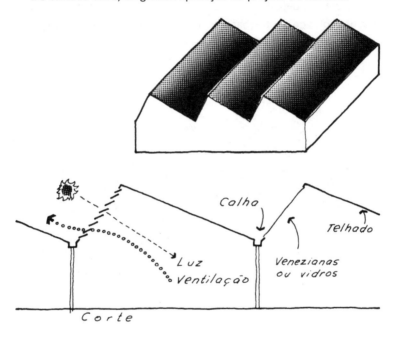

Nem toda coberta é feita com telhas.

ABÓBADAS E CÚPULAS

São cobertas (ou coberturas, é a mesma coisa) construídas sem telhas, embora possam ter um telhado como *proteção* contra chuvas. Vimos (p. 74) a evolução do arco para a abóbada e a interseção das abóbadas. O arquiteto egípcio Hassan Fathy, em seu excelente livro *Construindo com o povo*, destaca a simplicidade da construção da abóbada feita de tijolos de adobe (barro não cozido, apenas secado na sombra e depois no sol):

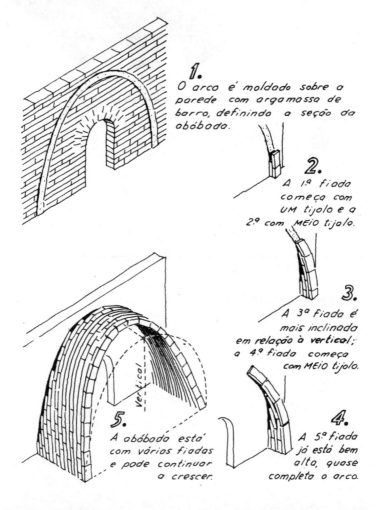

1. O arco é moldado sobre a parede com argamassa de barro, definindo a seção da abóbada.

2. A 1ª fiada começa com UM tijolo e a 2ª com MEIO tijolo.

3. A 3ª fiada é mais inclinada em relação à vertical; a 4ª fiada começa com MEIO tijolo.

4. A 5ª fiada já está bem alta, quase completa o arco.

5. A abóbada está com várias fiadas e pode continuar a crescer.

Os construtores europeus no Renascimento e na Idade Média não usaram o processo do *adobe*, mas dominaram a técnica da pedra a ponto de fazerem...

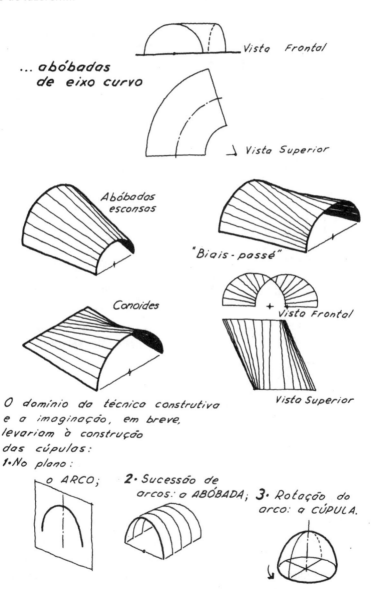

... *abóbadas de eixo curvo*

Abóbadas esconsas

"Biais-passé"

Conoides

O domínio da técnica construtiva e a imaginação, em breve, levariam à construção das cúpulas:
1• No plano: o ARCO; 2• Sucessão de arcos: a ABÓBADA; 3• Rotação do arco: a CÚPULA.

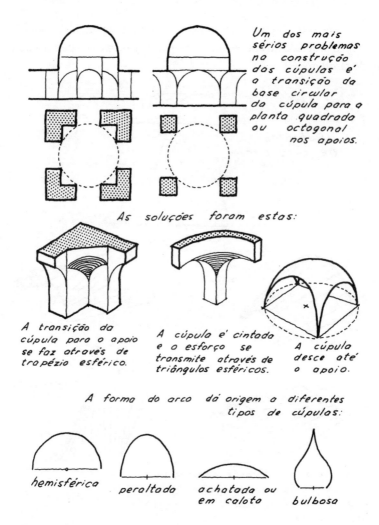

Dependendo do material e do clima, as abóbadas e cúpulas podem receber proteção contra as intempéries: impermeabilização, telhado, pastilhas, lâminas finas de cobre ou de alumínio etc.

Durante muito tempo, abóbadas e cúpulas estiveram em desuso. Até que o aparecimento do concreto armado fez ressurgi-las com novas formas, novo conceito estrutural e novas técnicas construtivas. As cúpulas foram rebatizadas com o nome de CASCAS ou membranas, pelo fato de terem reduzida espessura.

Tipos de cobertas

Os processos construtivos usados antes do surgimento do concreto armado eram baseados no comportamento isolado e diferenciado de cada peça: pilar, viga e laje – ou, usando a terminologia da época, coluna, arquitrave e laje (teto).

Nas estruturas de concreto armado, esses elementos persistem. Eles trabalham separadamente, isto é, exercem funções distintas, mas se somam uns aos outros graças à homogeneidade do material, que permite melhor absorção dos esforços de compressão e de tração.

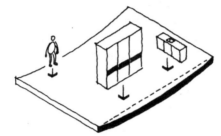

A laje de concreto armado é submetida à flexão criada pelo seu peso próprio e pelas cargas (pessoas, móveis, paredes, etc.) que ela recebe.

Poderá ser necessário colocar uma viga para resistir aos esforços que serão transmitidos aos apoios.

Esta viga é limitada pelo seu peso próprio e por suas dimensões. Então, ela poderá ser **INSUFICIENTE** para as cargas que recebe!

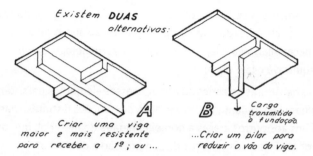

Quando feita em concreto, a cúpula se assemelha a uma superfície: sua espessura é bem reduzida, formando uma peça inteiriça, homogênea e contínua. A forma é a própria estrutura; não existem, nem são necessários, vigas e pilares. Daí receberem o nome de FORMAS AUTO-PORTANTES: dispensam vigas de suporte. A distribuição e a absorção das cargas são feitas pela própria peça estrutural única e não mais pela soma de peças isoladas (vigas e lajes).

Esse conceito novo de estrutura permite soluções em cascas, como a do Pavilhão de Raios Cósmicos, no México (vão de 18 m, espessura de 3 cm), e a do Mercado de Baile (vão de 60 m, espessura de 8,5 cm). Os pioneiros desses estudos foram Max Berg, Freyssinet, Eduardo Torroja, Robert Maillart, Pier Luigi Nervi, Félix Candela, Bauersfeld e outros. As formas mais usadas são o paraboloide hiperbólico, o hiperboloide e os conoides.

O desenvolvimento do cálculo estrutural de concreto armado tornou possível o uso de novos processos e novos materiais. A tesoura de telhado – viga composta de peças de madeira – pode ser feita também em madeira e ferro ou em concreto armado e ferro ou apenas em ferro. A necessidade de cobrir grandes vãos com menos peso e material dá origem à treliça espacial:

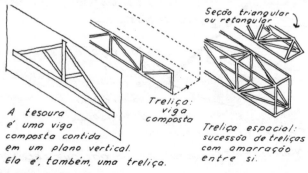

Tipos de cobertas

Nos dois primeiros casos, existe risco relativamente alto de que a viga composta (treliça ou tesoura) possa sair do plano vertical, arrastando consigo toda a estrutura da coberta e ameaçando a estabilidade da edificação inteira.

A amarração da tesoura ou treliça elimina esse risco. Essa amarração se faz ora pela ligação das tesouras umas às outras por meio de terças, ora pelo contraventamento (escoramento) do plano vertical da tesoura ou treliça.

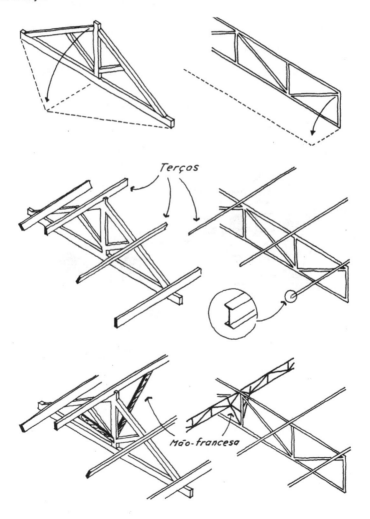

O aperfeiçoamento ocorreu em dois aspectos:

1. Fabricação da tesoura em metal (perfis de ferro e, mais tarde, em alumínio) ou mista, com partes de perfis metálicos, cabos de aço, concreto armado e madeira: não mais de dois desses elementos.
2. Criação da treliça espacial com seção retangular ou triangular e, em seguida, com malhas espaciais mais complexas.

A complexidade dessas novas estruturas envolve dois detalhes:

1. A quantidade de nós (junções) é tão grande que torna impraticável o cálculo sem o uso de computadores.
2. A criação e a fabricação industrial de nós capazes de se adaptarem às mais diversas situações: receber desde um até dezoito perfis ou barras, e permitir a geração de malhas de triângulos ou de polígonos.

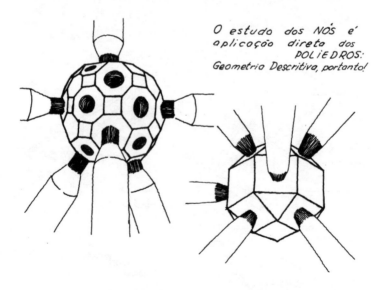

O estudo dos NÓS é aplicação direta dos POLIEDROS: Geometria Descritiva, portanto!

São muitos os tipos de nós comercializados, todos resguardados por patentes:

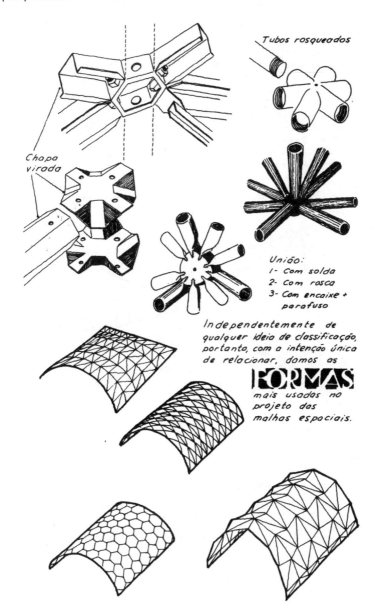

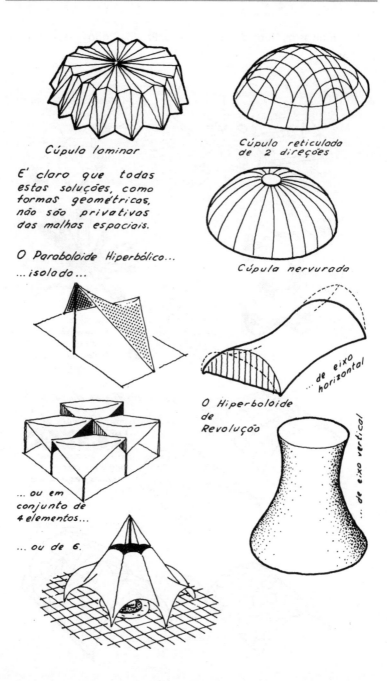

Cúpula laminar

Cúpula reticulada de 2 direções

É claro que todas estas soluções, como formas geométricas, não são privativas das malhas espaciais.

O Paraboloide Hiperbólico...

...isolado...

Cúpula nervurada

...ou em conjunto de 4 elementos...

...ou de 6.

O Hiperboloide de Revolução

...de eixo horizontal

...de eixo vertical

Tipos de cobertas   97

GEODÉSICAS

A palavra **geodésica** (*geo* = terra) é usada quando o poliedro tem os seus vértices sobre uma superfície esférica. Quanto maior o número de vértices (e de faces), mais o poliedro se aproxima da superfície da esfera. Pode, à primeira vista, parecer estranho essa história de um poliedro tender para uma esfera. Os desenhos esclarecem:

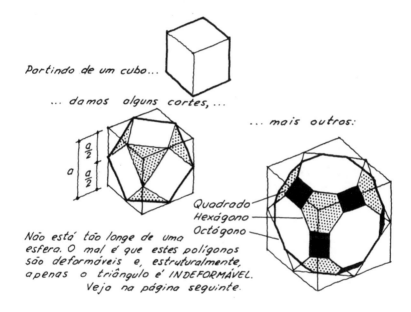

O computador simplificou o cálculo das malhas espaciais (treliças, estruturas ou reticulados espaciais são outros nomes usados) e permitiu, igualmente, o cálculo da cúpula geodésica (ou, simplesmente, geodésica).

A cúpula – que sempre fora construída espessa e fechada com, no máximo, uma abertura no alto, o lanternim – pode, agora, ser feita com barras, perfis e nós, como a malha espacial. É uma estrutura tubular vazada que recebe uma cobertura; em alguns casos essa cobertura trabalha, isto é, pertence ou integra a própria estrutura.

Voltando aos poliedros
e esferas:
se partirmos
do ICOSAEDRO...   ... e dermos cortes...

... chegaremos mais próximo da esfera

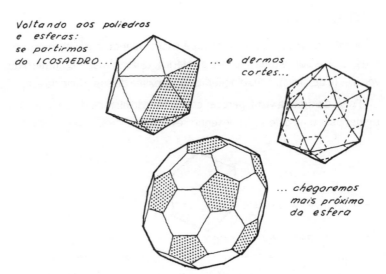

Na cúpula abaixo, podemos perceber
PENTÁGONOS, formados por triângulos.
Cada pentágono é a base de uma PIRÂMIDE
de pouca altura, uma vez que o pentágono
é uma figura deformável.

Pentágono	Vértice
1-2-3-4-5	V
A-B-C-D-E	M
G-D-H-J-L	P
R-S-T-B-X	Y

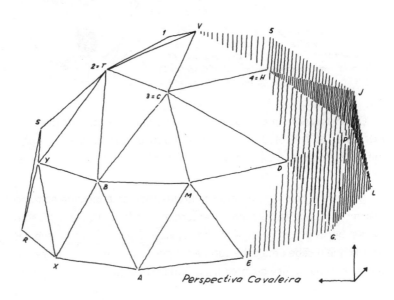

Perspectiva Cavaleira

HISTÓRICO

As primeiras cúpulas geodésicas usadas como coberta datam de 1922 (Planetário de Jena, Áustria, calculado por Bauersfeld), embora a figura geométrica fosse conhecida muitos séculos antes.

Os estudos sistemáticos que levaram à fabricação industrial e ao cálculo matemático são do arquiteto, filósofo, inventor, poeta, escritor e professor **Buckminster Fuller**.

O desenho da cúpula geodésica na prancheta é extremamente laborioso. Partindo das projeções do icosaedro, por exemplo, são feitos cortes de modo a formar triângulos ou figuras a serem decompostas em triângulos. O problema da representação é que cada um desses triângulos é diferente, como projeção, do vizinho e deve ser desenhado em duas ou três projeções. O computador gráfico faz isso rapidamente: além das fachadas e plantas de coberta, faz as perspectivas de exteriores e de interiores e fornece, paralelamente, os resultados do cálculo.

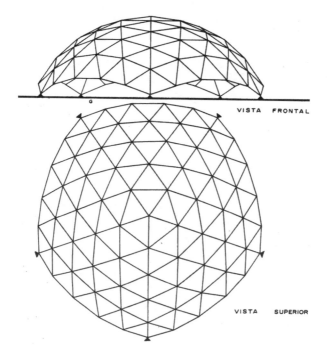

COBERTAS SUSPENSAS

Com muita imaginação e cálculos, mais um laboratório bem equipado, o arquiteto alemão Frei Otto desenvolveu o estudo das coberturas pênseis (realmente, o nome não soa bem!). Existem poucos especialistas nesse ramo, pois a experiência é fator relevante e o calculista deverá ter, necessariamente, o apoio do fabricante da malha (tecido especial de náilon). Como esse tecido não é aquele de fabricação normal, a indústria somente o produzirá para grandes superfícies. O problema é que as tensões a que o tecido é submetido são medidas em laboratório e a indústria deverá fabricar o tecido capaz de resistir a essas tensões; naturalmente, haverá casos em que tais esforços sejam incompatíveis com o material e o projeto deverá ser revisado e adaptado.

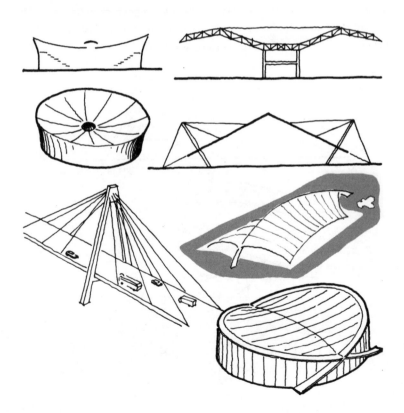

COBERTAS INFLADAS

A lembrança de que os balões sobem quando cheios de ar deve ter levado alguém a imaginar uma estrutura, não necessariamente uma coberta, capaz de manter-se estável quando cheia de ar sob pressão.

Isso tem muitas analogias com as cobertas suspensas, ou seja:

1. O projetista deve ter experiência (não me perguntem como ele vai adquirir isso!).
2. O projetista deverá trabalhar com apoio do laboratório e do fabricante do tecido.
3. O projeto será o somatório dos esforços e dos ensaios do projetista e do fabricante.
4. Trata-se de campo recente e experimental, ou seja, não existem aquelas normas e fórmulas como acontece, por exemplo, com o cálculo do concreto armado ou de tesouras.

Concluída essa visão geral dos tipos de cobertas, pode-se esquematizá-los em dois grandes grupos para chegar a uma classificação didática:

1. Coberturas que têm uma estrutura de apoio formada por um ou mais dos seguintes elementos:
   - paredes ou pilares
   - treliça ou tesoura
   - malha espacial

   Lajes
   - horizontais
   - inclinadas

   Telhados (A)
   - de barro cozido
   - de metal
   - de vidro
   - de fibrocimento
   - de plástico
   - de resina

2. Coberturas autoportantes:
   - não se pode separar a estrutura e a coberta propriamente dita

   - Abóbadas
   - Cúpulas de revolução
   - Cúpulas geodésicas*
   - Cascas
   - Cobertas suspensas
   - Cobertas infladas
   - Malhas espaciais*

*No caso de a estrutura receber telhas, passa a integrar o grupo anterior (A).

16 Vocabulário do telhado

Antes de estudar a tecnologia do telhado, convém conhecer alguns termos técnicos. Vários deles já foram analisados em páginas anteriores, entretanto, são repetidos aqui, em ordem alfabética.

ÁGUA ou VERTENTE
- Superfície inclinada de uma coberta ou de um telhado (p. 85).

ÁGUA-FURTADA ou SÓTÃO
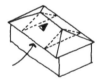
- Espaço entre duas tesouras de telhado, quando utilizado para depósito e tendo acesso próprio.

ÁGUAS-MESTRAS

- Porções maiores de um telhado.

ALGEROZ ou CONDUTOR

- Tubo de descida de águas pluviais, em geral embutido na parede. Obs.: esse termo tem sido usado com grande variedade de significados, muitas vezes erradamente.

ASNA ou PERNA	• Peça da tesoura (pp. 106, 108).
BEIRAL	• Parte saliente da coberta para proteger a parede das águas (p. 53, 113).
BUZINOTE	• Cano colocado na parte mais baixa de balcão ou terraço para despejar as águas pluviais (p. 110).
CAIBRO 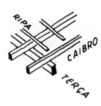	• Peça do madeiramento do telhado que é apoiada nas terças e sustenta as ripas (p. 113, 116).
CALHA	• Canal para escoar as águas de chuva (p. 112, 113).
CAPOTE	• Fechamento da cumeeira com telha ou chapa metálica em ângulo (p. 115).
CUMEEIRA	• A terça mais elevada. • Encontro de duas águas de telhado em sua parte mais elevada (pp. 115, 121).
EMPENA	• Porção de parede em forma de triângulo e acima do pé-direito. • Por extensão, parede lateral.

Vocabulário do telhado 105

ENSAMBLADURA
- Recorte em peça de madeira que encaixa em outra (pp. 121-122).

ESCORA
- Peça da tesoura (pp. 108, 121).

ESPIGÃO ou TACANIÇA
- Aresta inclinada formada por duas águas de telhado que formam ângulo voltado para baixo (M e N, p. 123) (p. 107).

FLECHA
- Altura da tesoura (p. 114).
- Deformação de laje ou de viga. Sela. (p. 91).
- Porção do raio entre a corda e o arco. Figura ao lado.

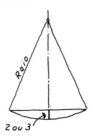

FRECHAL
- Peça de tesoura do telhado (p. 122).

LANTERNIM ou CLARABOIA

- Cilindro ou prisma encimando cúpula e tendo abertura para iluminação. O termo é hoje usado no sentido de apêndice acima da coberta para iluminar, para ventilar ou para ambas as coisas.
- O mesmo que domo (pp. 82, 84).

LINHA
- Peça de tesoura. O mesmo que tirante ou tensor (pp. 108, 122).

MÃO-FRANCESA

• Mão de força ou escora: peça oblíqua para reduzir o balanço de outra.

PENDURAL

• Peça da tesoura de telhado (pp. 108, 121).

PERNA ou ASNA

• Peça da tesoura (pp. 108, 121).

PLATIBANDA

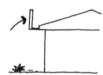

• Parede baixa feita acima do pé-direito com a função de ocultar o telhado.

PONTALETE ou ESCORA

• Peça vertical que serve de apoio a outra horizontal.

RECOBRIMENTO

• Entre telhas: superposição de parte da telha sobre a inferior (p. 116).
• Entre o telhado e a parede: peça engastada na alvenaria. O mesmo que "rufo de parede". Figura ao lado.

RINCÃO

• Ângulo reentrante, voltado para cima, no encontro de duas águas e onde se põe uma calha inclinada (p. 113).

Vocabulário do telhado 107

RIPA ou SARRAFO	• Peça em que as telhas se apoiam (pp. 113, 116, 119).
RUFO 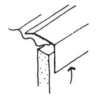	• Chapa metálica virada (dobrada) ou peça em ângulo para evitar infiltração d'água entre o telhado e a parede (p. 82).
SEMBLADURA	• Ver ensambladura.
SÓTÃO	• Ver água-furtada.
TACANIÇA	• Ver espigão.
TELHA-VÃ	• Telhado sem forro.
TERÇA 1- Cumeeira 2- Terço 3- Frechal	• Peça da estrutura da coberta que serve apoio aos caibros (números 1-3 ao lado, pp. 119, 121-122).
TERRAÇO 	• Cobertura horizontal de uma construção. • Galeria descoberta.

TESOURA DE TELHADO

- Viga composta formada por várias peças.
- O mesmo que treliça (pp. 119-122).

TIRANTE
- Peça submetida a esforço de tração (p. 77). Ver *linha*.

VÃO
- Abertura numa parede.

VÃO LIVRE
- Distância entre os apoios.

VERTENTE
- Ver *água* (p. 85, 103).

Tecnologia das cobertas

Cobertas horizontais ou terraços são também chamadas cobertas planas (no sentido de *plano* e *horizontal*). Quando feitas em concreto armado, são quase sempre fonte de dor de cabeça, pois pequenos defeitos de construção dão origem a dois problemas de difícil solução:

- infiltração de águas pluviais;
- fissuras ou trincas.

Os defeitos mais comuns são criados por:

a) falta de adensamento ou de vibração do concreto deixando formar vazios;

b) dosagem fraca da mistura cimento-areia;

c) fissuras mínimas causadas por efeito do trabalho da estrutura ou por dilatação térmica (a laje pré-moldada não tem a homogeneidade do concreto armado moldado no local);

d) falta de continuidade do material impermeabilizante (mantas ou pinturas, defeitos de fabricação ou de colocação, emendas mal executadas);

e) juntas de dilatação mal vedadas;

f) infiltração entre peças do piso (cerâmica, pedra, ladrilho etc.) ou entre o piso e o rodapé;

g) infiltração no chumbamento de peças como grades, caixas de passagem, ralos de piso ou similares;

h) danos causados à camada de impermeabilização por raízes de plantas (o que não é tão raro) ou por instrumento de trabalho.

A correção posterior de tais defeitos é extremamente difícil e cara, e muitas vezes deixa a desejar. O maior problema consiste em localizar o ponto de origem da infiltração, pois o vazamento pode aparecer a muitos metros de distância da origem ou muito tempo depois de concluída a construção.

TIPOS PRINCIPAIS DE IMPERMEABILIZAÇÃO

PINTURAS: à base de produtos químicos (resinas, epóxi, plásticos etc.) ou à base de asfalto ou piche (quente ou frio).

MANTAS: de plástico, de fibra de vidro, de asfalto, de metal fino (alumínio), de fibras ou de misturas desses materiais. Em geral, necessitam de uma camada de proteção física (cimentado ou outro material) para evitar que as camadas da manta se rasguem por atrito ou ressequem sob a ação do sol e dos ventos.

O jardim sobre coberta plana é grande aliado da impermeabilização eficiente, pois evita as variações térmicas sobre a laje e, consequentemente, reduz os efeitos da dilatação.

As cobertas "horizontais" devem ser feitas com desnível de 1% a 1,5% na face superior, de modo a escoar as águas de chuva, como mostram as setas. As águas são coletadas por pequeno dreno ou valeta e escoam através de ralos de piso ou de buzinotes.

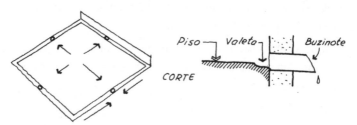

É comum encontrar o buzinote colocado como o da figura A, que não funciona bem; a colocação correta é mostrada em B. Para o mesmo nível ou altura h de água, a vazão em B é maior do que em A; portanto, a água escoa mais rapidamente.

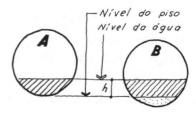

Tecnologia das cobertas

A figura mostra defeito comum no assentamento de ralos de piso: o vazio (indicado pela seta), por onde se infiltra a água. O mesmo defeito pode aparecer nos chumbadores colocados em pisos e em paredes.

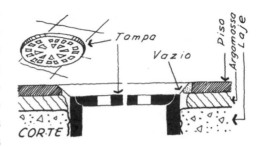

Tipos de CALHA
- horizontal
  - de beiral
  - de platibanda
- inclinada
  - de rincão

As calhas são outra fonte de dor de cabeça para construtores e proprietários. É que, sendo poucos os operários especializados no ramo, contrata-se qualquer um, desde que faça o serviço (malfeito).

Ao projetar uma coberta, o arquiteto deve pensar bem antes de optar pela colocação de calhas. Na medida do possível, adotar a solução mais simples: fazer a água cair livremente no terreno!

As calhas chamadas "horizontais" devem ter declive de 1% a 1,5% e são as mais problemáticas: vazam, furam, entopem, empoçam água, quebram os estribos, desregulam, transbordam e, eventualmente, funcionam – o que é a exceção da regra.

De modo geral, as calhas inclinadas funcionam melhor do que as horizontais. Não é que sejam recomendadas, apenas são menos ruins. A velocidade da água, ao descer, arrasta tudo; não há como empoçar. Os vazamentos são provocados, geralmente, por furos no material. É a hora de substituir!

DIMENSIONAMENTO DAS CALHAS

Há relação entre a superfície da coberta e a seção transversal da calha: para cada 10 m² de coberta, usamos 14 cm² de calha. Por exemplo: para uma água de telhado com 120 m², a calha do beiral correspondente deverá ter (120:10) × 14 = 168 cm². Com seção retangular, teremos 8 cm de altura por 21 cm de largura; usando calha semicilíndrica com diâmetro de 21 cm, aproximadamente.

Atenção | A fórmula acima é empírica! Para cobertas com área pequena, nunca é demais deixar margem de segurança, além da seção dada pela fórmula.

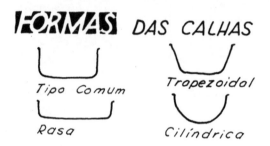

FORMAS DAS CALHAS

Tipo Comum

Rasa

Trapezoidal

Cilíndrica

MATERIAL

As calhas podem ser feitas de chapa de alumínio (o tipo mais frequente), de cobre (muito caras), de ferro galvanizado (sujeitas à oxidação em pouco tempo), de plástico (sujeitas à deformação pelo calor, além do que as emendas não têm aderência duradoura), de concreto (também chamadas de viga-calha – não se esquecer de impermeabilizar!) e, finalmente, de madeira (pouca durabilidade e nenhuma higiene).

As chapas de alumínio são fornecidas em bobinas de largura de 30 cm até 100 cm e espessura de 0,4 mm a 0,6 mm.

Tecnologia das cobertas

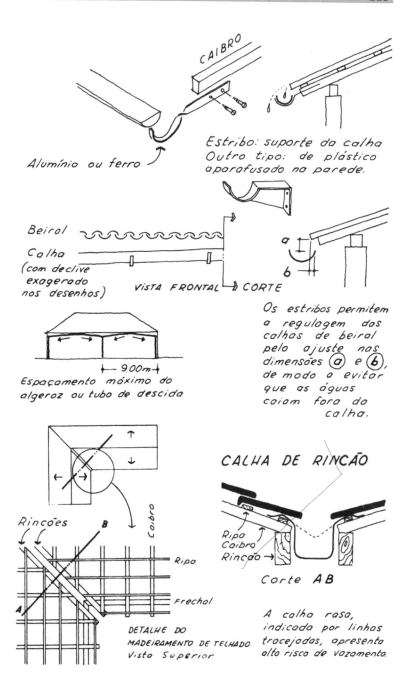

INCLINAÇÃO DO TELHADO

Pode ser medida por meio de três sistemas de referência:

1. **Grau**: em desuso pela dificuldade de leitura de ângulos com transferidor na obra.
2. **Ponto**: corresponde à razão ou relação entre a altura (flecha) e o vão. Por exemplo: para o ponto de 1/5, uma tesoura de 10 m de vão teria 2 m de altura. Era o sistema adotado na arquitetura colonial, porém está em desuso, sendo substituído pela...
3. **Porcentagem**: representada pela inclinação da hipotenusa de triângulo retângulo tendo o cateto maior na horizontal com medida de 10 cm = 100 mm. O cateto menor (na vertical) terá tantos milímetros quanto a porcentagem usada. Por exemplo: a inclinação (i) ou declive de 27% corresponde ao ângulo do triângulo em que o cateto menor mede 27 mm.

Pelo fato de representar uma razão, o triângulo é desenhado **independentemente** da escala do projeto!

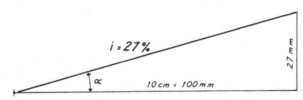

A inclinação do telhado é estabelecida em função do:

a) clima da região;
b) tipo de telha.

TELHA / CLIMA	Chuvoso	Muito Chuvoso
Canal	30%	35%
Canal diretamente sobre laje	15%	18%
Plana ou francesa	35%	40%
Ondulada de cimento-amianto	10%	13%
Metálica	6%	8%
Tipo Calha (fibrocimento)	3%	9%

Tecnologia das cobertas

Em locais sujeitos a chuvas intensas e ventos fortes, além do aumento da inclinação previsto na tabela da página anterior, devem ser usados nas telhas recobrimentos maiores do que o normal.

Em casos excepcionais, haverá necessidade de fixar as telhas de cerâmica entre si com argamassa de cimento e areia para evitar vazamentos: é o que se chama de telhado cravado.

No telhado desprovido de forro, ventos fortes podem provocar respingos de chuva, que não são propriamente goteiras, mas uma espécie de garoa ou chuva pulverizada. O aumento da inclinação não elimina esse efeito; é caso para ser resolvido por meio de forro ou de telhado cravado.

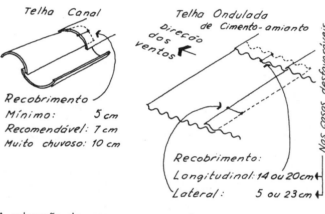

A colocação de argamassa de cimento e areia é usual nas telhas chamadas de capote, que são usadas nas cumeeiras e nos espigões (tacaniças).

No telhado de cerâmica, as telhas de capote também são fixadas às telhas vizinhas por meio de argamassa – não só para evitar vazamentos como para impedir que as telhas saiam da posição correta por ocasião de limpeza ou de manutenção.

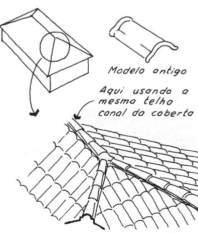

As telhas de barro, quando colocadas diretamente sobre laje inclinada, portanto, sem madeiramento, atuam diferentemente do que foi mostrado. Em geral, a inclinação é menor, chegando até aos 17% ou 15%; a função da telha é mais de isolante térmico que de proteção contra a chuva. Tanto é assim que, em casos de declive reduzido, a laje deverá ser impermeabilizada. Ao reduzir a inclinação, a possibilidade de escorregamento das telhas fica, praticamente, eliminada.

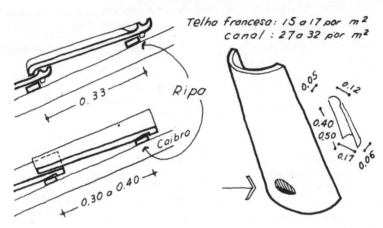

Para evitar risco de escorregamento nos telhados com inclinação normal ou acentuada, as telhas de cerâmica têm, na sua parte inferior, uma saliência ou uma ranhura (rebaixo) por onde elas se travam na ripa do madeiramento.

Em telhados em que a inclinação é muito acentuada (acima de 50%), as telhas devem ser fixadas às ripas por meio de arame galvanizado que atravessa furo existente na telha. Entre nós, nos modelos mais recentes, esse furo deixou de ser feito.

As telhas de fibrocimento onduladas ou do tipo calha são fixadas à estrutura de madeira por meio de pregos ou de parafusos colocados sempre na parte superior da onda.

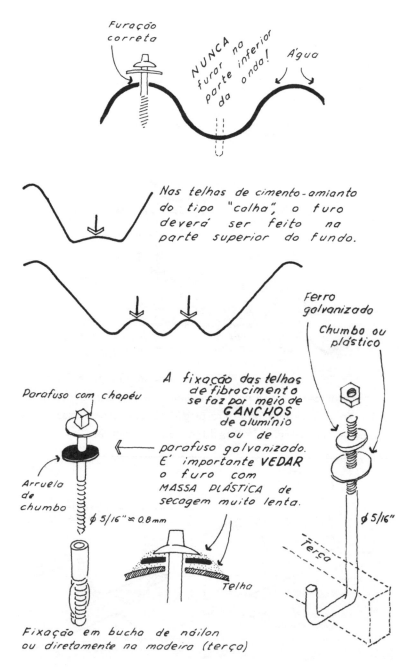

O fibrocimento pode ser cortado com serrote ou ser furado com broca elétrica ou manual.

De modo algum deve ser trabalhado com escopro, talhadeira ou prego que estilhaça o material e provoca fissuras, aumentando o risco de vazamentos.

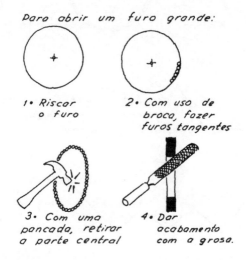

Para abrir um furo grande:

1• Riscar o furo
2• Com uso de broca, fazer furos tangentes
3• Com uma pancada, retirar a parte central
4• Dar acabamento com a grosa.

Para telhas do tipo calha, há precauções adicionais: por causa de seu reduzido declive, o vento pode empurrar a água para o interior da habitação. O fabricante fornece respingadores para serem colados nos dois beirais, independentemente do sentido da inclinação.

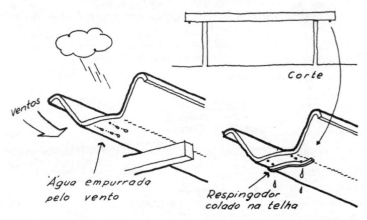

Corte

Ventos

Água empurrada pelo vento

Respingador colado na telha

Tecnologia das cobertas   119

TESOURAS DE TELHADO

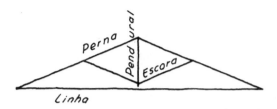

Tesouras e treliças podem ser calculadas analiticamente ou por meio de processos gráficos (grafostática). Para quem tem pressa e prefere gastar um pouco mais de madeira, existem livros e tabelas com os casos mais comuns de tesouras em função do vão e da inclinação. Aqui está uma delas:

VÃO em metros ↓	Dimensões em cm → Linha	Pendural	Perna	Escora
5 6	8 × 12	8 × 10	8 × 15	8 × 8
7	8 × 15	8 × 15	8 × 18	8 × 8
8	8 × 15	8 × 15	8 × 18	8 × 12
9 10	8 × 18	8 × 18	8 × 20	8 × 12
12	8 × 20	8 × 20	8 × 20	8 × 18

Espaçamento das tesouras	Espaçamento das terças 1,50m	2,00m	2,50	Dimensão das terças em cm
2,50 m	8 × 12	8 × 15	8 × 18	
3,00 m	8 × 15	8 × 18	8 × 20	
3,50 m	8 × 18	8 × 20	8 × 22	
Dimensão dos caibros →	4 × 8 cm	6 × 8 cm	8 × 10 cm	
Ripas de	2 × 5 cm até 1,5 × 3 cm	Espaçamento: 50 centímetros com o espaçamento em função da telha		

Observe com atenção:

a) o paralelismo da escora e da perna;
b) o pendural não se apoia na linha! O contrário é que ocorre nos grandes vãos: uma braçadeira ou estribo é colocada no pendural a fim de evitar a flexão da linha por efeito do peso próprio;
c) é essencialmente importante que todas as peças da tesoura estejam contidas num só plano, a fim de evitar o risco de desabamento. A montagem prévia da tesoura no chão, sobre um piso plano, permite identificar peças empenadas, que serão rejeitadas sistematicamente. Para maior segurança, acrescenta-se o detalhe abaixo:

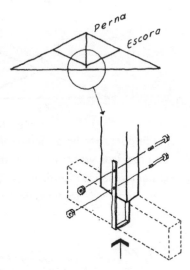

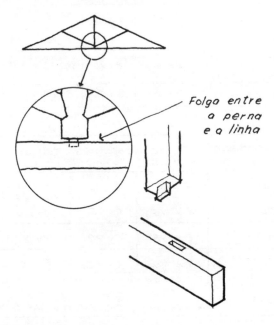

Os esforços de tração e de compressão que atuam nas tesouras concentram-se nas interseções das peças. Tais interseções são de vários tipos e recebem o nome genérico de ensambladuras, mostradas aqui em detalhes:

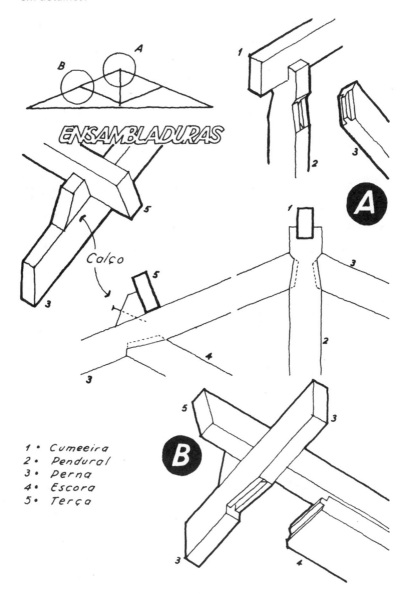

1 • Cumeeira
2 • Pendural
3 • Perna
4 • Escora
5 • Terça

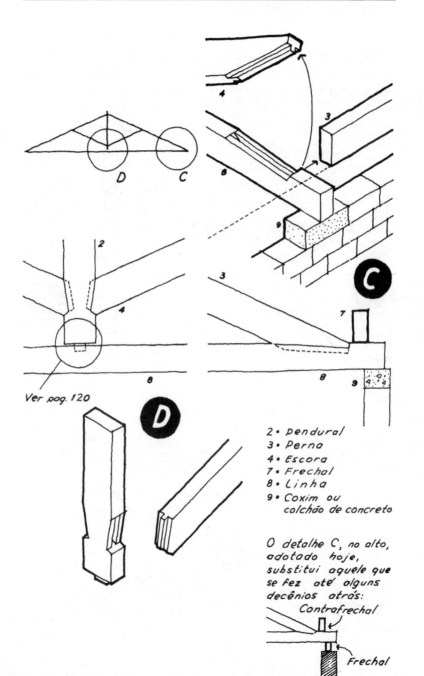

18. Interseção de telhados

Dividimos o estudo em três partes:

a) cobertas aplicadas a plantas retangulares ou quadradas (1 a 9);
b) cobertas em plantas de forma irregular (10 a 12);
c) alguns exercícios a título de revisão (1 a 6).

1. PLANTA RETANGULAR

Dados:

a) quatro águas
b) inclinação única i = 40%

As tacaniças ou espigões M, N, P e Q são bissetrizes dos ângulos dos vértices, portanto, retas fazendo ângulo de **45°** com os lados do retângulo.

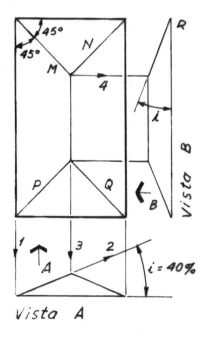

Desenhada a planta de coberta, passa-se à vista A (seta 1), onde se marca a inclinação dada (seta 2), e se vai encontrar no meio do vão a cumeeira (seta 3). A vista lateral direita ou vista B pode ser desenhada a partir da altura da cumeeira obtida na vista A ou diretamente: basta marcar a inclinação no ponto R e determinar sua interseção com a projeção da extremidade da cumeeira (seta 4).

2. PLANTA QUADRADA

Dados: os mesmos do caso anterior.

O traçado é, em tudo, semelhante ao caso anterior, sendo que a cumeeira se reduz a um ponto C. Essa planta, por termos dispensado as linhas de construção, está desenhada conforme os padrões do desenho arquitetônico, o que não ocorre com a maioria dos problemas que se seguem.

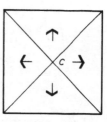

3. PLANTA EM FORMA DE L

Dados:
a) duas águas em cada bloco
b) inclinação i = 40%

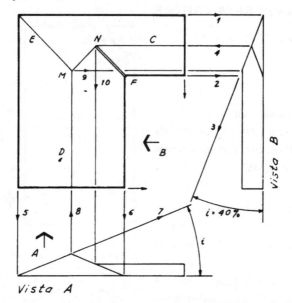

Desenhamos parte das vistas A e B de modo a obter a altura da cumeeira e a sua posição (setas 1 a 8). A posição da cumeeira é levada da vista B (seta 4) para a reta C na planta de coberta e da vista A para a reta D (seta 8).

(continua)

Interseção de telhados 125

Traçamos a tacaniça E a 45° e o rincão F na mesma direção. Eles encontram, respectivamente, as cumeeiras D e C nos pontos M e N. Completamos a planta da coberta ao ligar os pontos M e N por uma tacaniça. Portanto, MN é uma reta a 45° na planta, ou seja, MNF é um ângulo reto. Podemos completar as projeções ao levar os pontos N e D (setas 9 e 10) para as vistas A e B.

Observação | As plantas de coberta, de modo geral, podem ser traçadas independentemente das vistas como A ou B.

4. PLANTA EM FORMA DE T (A)

Dados:

a) duas águas em cada bloco

b) inclinação i = 40%

O processo de construção tem muita semelhança com o caso anterior: depois de obtida a cumeeira (posição e altura) na vista A, traçamos dois rincões a partir de G e de J (setas 5 e 6), fazendo ângulo de 45° na planta. Eles se encontram em P, que será levado para a vista A (seta 7).

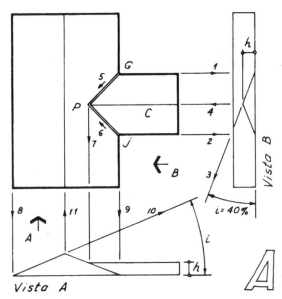

Vista A

A figura a seguir mostra caso análogo ao anterior, sendo o apêndice mais largo e, consequentemente, mais alto do que o bloco principal.

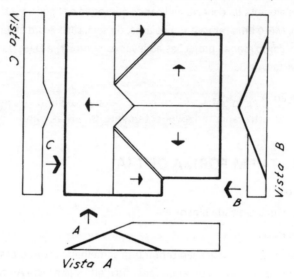

5. PLANTA EM FORMA DE T (B)

(Figura na página seguinte)

Dados:

a) o apêndice tem beiral em altura menor que o bloco principal
b) diferença de cota (altura) no beiral = h
c) duas águas em cada bloco
d) inclinação i = 40%

Esse caso é resolvido por meio de construção simultânea de planta e de vista ou por artifício que substitua a vista.

Nas vistas A e B, marcamos as inclinações e obtemos as cumeeiras, como fizemos nos casos anteriores (setas 1 a 8). Temos, agora, duas opções:

Interseção de telhados

a) representar na vista A a diferença dada **h** entre os beirais (setas 9 e 10) e obter o ponto N' – extremidade da cumeeira C – que será levado para a planta (seta 11) em N. A partir desse ponto, traçamos os rincões NP e NM, ambos oblíquos a 45°;

b) desenhar na vista B a diferença h entre os beirais (seta 12) e obter os pontos iniciais P' e M' dos rincões no bloco principal, a serem transportados para a planta (setas 13 e 14). A partir de M e de P, traçamos os rincões (oblíquos a 45°) até N.

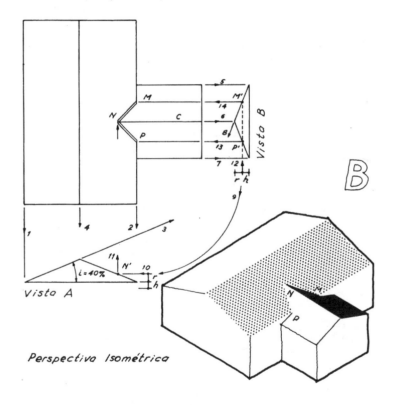

Perspectiva Isométrica

Observação | Se o bloco pequeno for o de beiral mais elevado, isso não alterará o processo apresentado; o ponto inicial do rincão será encontrado na vista A.

6. DOIS BLOCOS TENDO CUMEEIRAS PARALELAS

Dados:

a) beirais em altura única
b) quatro águas em cada bloco
c) inclinação i = 40%

Desenhamos as quatro águas dos dois blocos sem considerar, por ora, que elas se interceptam. O rincão que parte de R é traçado a 45° até encontrar o espigão mais afastado em N. Fazemos o mesmo com o rincão que vai de S até P. PN é uma cumeeira horizontal definida pelos pontos N e P projetados na vista B (setas 2 e 3).

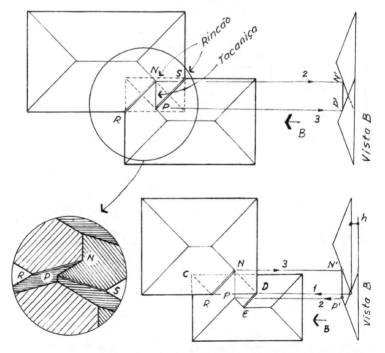

Importante Livros técnicos mostram, para estes casos, solução geometricamente correta, porém desaconselhada pela técnica de construção, uma vez que usam calha horizontal; o assunto é analisado na página 111. As soluções aqui apresentadas são simples e corretas.

7. CUMEEIRAS PARALELAS E BEIRAIS EM ALTURA DIFERENTE

(Ver figura na página anterior)

Dados:

a) quatro águas em cada bloco

b) inclinação i = 40%

c) diferença de altura nos beirais = h

Desenhamos as quatro águas de cada bloco e a vista B, na qual marcamos a diferença de altura **h**. Sobre as tacaniças nos vértices C e D encontramos os pontos R e N, pontos de partida de rincões RN e DE. A cumeeira que parte de N segue até P no bloco menor; liga-se P a E na cumeeira deste bloco.

8. PLANTA EM FORMA DE V (A)

(Ver figura na página seguinte)

Dados:

a) o ângulo de encontro dos blocos é diferente de 0 e diferente de 90°

b) duas águas em cada bloco

c) inclinação i = 40%

d) os beirais estão na mesma altura

Nas vistas C e A, encontramos a altura das cumeeiras C e D. Levamos a altura **h** do bloco menor para a vista A e encontramos o ponto N onde a cumeeira C encontra o bloco maior. Outra solução é transportar N' para a planta (seta 6), obtendo N, que ligaremos a M e a P no beiral.

Observação

NP e NM são prolongamentos das bissetrizes dos ângulos α e β. É essa propriedade que permite resolver este e diversos problemas de interseção de telhados sem desenhar as vistas (fachadas).

Assim, a partir dos pontos M e P, traçam-se as bissetrizes dos ângulos α e β; seus prolongamentos interceptam-se em um ponto N que pertence à cumeeira C.

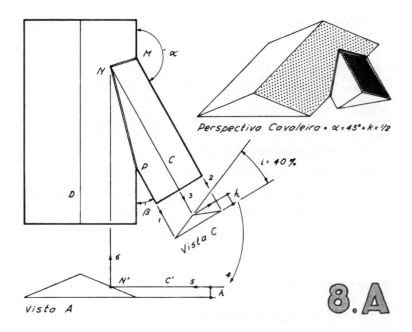

9. PLANTA EM FORMA DE V (B)

(ver figura na página seguinte)

Dados:

a) beirais em alturas diferentes
b) diferença de altura entre os beirais = h
c) o ângulo formado pelos blocos é diferente de 0 e de 90°
d) duas águas em cada bloco
e) inclinação i = 40%

Interseção de telhados 131

Desenhamos as vistas A e C com as cumeeiras. Transportamos a altura R, obtida em C, para a vista A, a partir de L_v que está afastada de **h** (diferença entre os beirais) em relação à horizontal L. Obtemos, assim, o ponto N', em que a cumeeira C encontra o bloco maior, e a sua projeção na planta de coberta em N. Se marcamos na vista C a diferença **h** de cota entre os beirais, encontramos os pontos P' e M', onde o beiral mais elevado encontra o bloco menor. Esses pontos são levados para a planta em M e em P. Ligando-os a N, obtemos os rincões da interseção dos telhados.

Observação | Como no caso anterior, NP e NM são prolongamentos das bissetrizes dos ângulos β e α. Isso permite resolver o problema usando apenas a planta e a vista auxiliar.

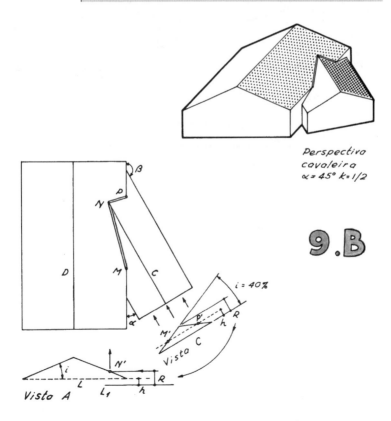

Perspectiva cavaleira
α = 45° k = 1/2

9.B

Os problemas a seguir referem-se a plantas cujas paredes formam ângulos diferentes de 90°. A solução exige a definição prévia de:

a) beiral horizontal;
b) cumeeira horizontal.

Em geral, uma alternativa elimina a outra, mas não antecipemos as coisas.

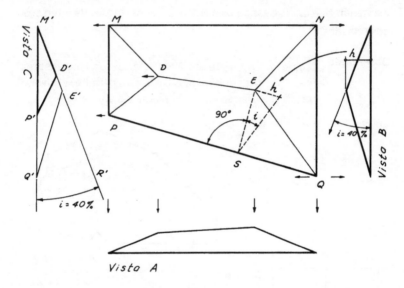

10. PLANTA EM FORMA TRAPEZOIDAL

Dados:

a) beiral horizontal com altura única
b) inclinação i = 40%
c) quatro águas

Traçamos as bissetrizes nos quatro vértices; as da esquerda encontram-se em D e as da direita em E, definindo a cumeeira. Por sua vez, a cumeeira DE é a bissetriz do ângulo formado pelas retas MN e PQ. A vista C é desenhada com i = 40% em M', e levamos o ponto D para D' sobre a declividade M'R'. O vértice P projeta-se no beiral em P', que ligamos a D'. O mesmo raciocínio aplica-se às vistas A e B.

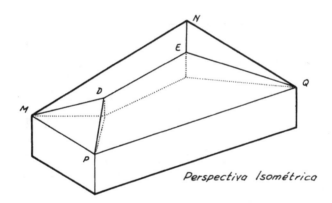

Perspectiva Isométrica

Evidentemente, os ângulos M'P'D' e M'Q'E' (ver página anterior) são diferentes de **i** = 40%, pois EQ é uma reta assimétrica de EN em relação à cumeeira. Para obter o ângulo da água-mestra DPQE, passamos por E uma perpendicular ES ao beiral PQ; no ponto E tiramos uma perpendicular a ES e nela marcamos **h** (altura do ponto E). O ângulo obtido **i** deverá ser igual a 40%.

Observação | Na hipótese de a planta não ter dois ângulos retos, o problema deixa de ter solução nas condições dadas; poderá, no entanto, ser resolvido como na figura a seguir.

11. PLANTA EM FORMA DE QUADRILÁTERO IRREGULAR (A)

Dados:
a) cumeeira horizontal   b) inclinação i = 40%
c) duas águas   d) Pé direito mínimo = h

Inicialmente, faremos a opção da horizontalidade para um dos beirais MN ou PQ. Escolhido o primeiro, a cumeeira será paralela a MN. O ponto Q é o mais afastado da cumeeira no beiral oposto, e nele teremos o pé-direito mínimo, de modo a evitar, na planta, áreas inacessíveis (zonas mortas). Desenhamos o corte QS perpendicular à cumeeira, e nele marcamos o pé-direito estabelecido, assim como a declividade dada. A cumeeira está no meio da distância QS. O corte QS nos dá também a altura da cumeeira e a do ponto P. Podemos, pois, desenhar as fachadas A e C, ou qualquer outra.

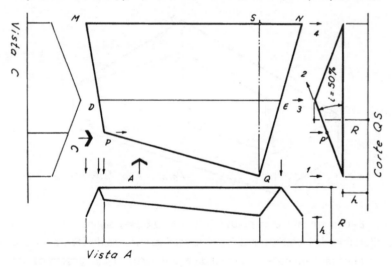

Vista A

Discussão: fazendo a cumeeira horizontal, não será possível usar o telhado de **quatro** águas planas, pois a bissetriz do ângulo das retas MN e PQ não poderá, por definição, ser paralela a nenhuma delas. E ser paralela ao beiral MN ou PQ é uma das condições necessárias para a horizontalidade da cumeeira.

A colocação de telhado de **quatro** águas em um quadrilátero não regular e com a condição de cumeeira horizontal será possível se cada uma das águas tiver inclinação diferente das demais. Trata-se, no entanto, de hipótese alheia à prática da construção, podendo enquadrar-se na categoria de divagação teórica.

12. PLANTA EM FORMA DE QUADRILÁTERO IRREGULAR (B)

Dados:

a) cumeeira horizontal
b) beiral horizontal
c) quatro águas
d) inclinação mínima i = 50%

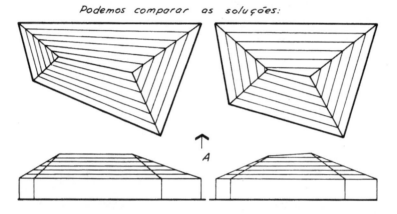

Podemos comparar as soluções:

Vista A - Ver traçado geométrico na página seguinte

Vista A desenhada conforme o n° 10 - Página 133

A contradição aparente nos dados significa que o problema pode ser resolvido desde que as águas NÃO SEJAM PLANAS. Isso implica em fazer as águas do telhado como SUPERFÍCIES REVERSAS – evidentemente superfícies RETILÍNEAS reversas, pois não há como adaptar as telhas existentes no mercado para torná-las curvas; tampouco seria viável usar caibros, ripas ou terças encurvados.

Ao contrário da discussão anterior, não se trata aqui de abstração teórica. Não! As superfícies reversas, especialmente em grandes telhados, foram usadas na arquitetura colonial brasileira e possuíam designação própria: *o telhado empenado*. Empenado não no sentido de possuir empena, mas na acepção de *não plano*, reverso, torcido, digamos assim.

Os desenhos mostram, acima e à esquerda, a posição das ripas horizontais, porém não paralelas entre si – obtida pela divisão de cada tacaniça na mesma quantidade de partes iguais (seis no desenho).

Os caibros serão colocados perpendicularmente a cada beiral, tendo, porém, inclinação variável.

Os dados estão na página anterior.

Começamos o traçado geométrico desenhando as bissetrizes dos ângulos de cada vértice, a fim de definir a posição da cumeeira (corresponde à bissetriz dos lados MN e PQ). Se pelo ponto E tirarmos uma perpendicular a qualquer dos beirais (MN no desenho), vamos encontrar no corte pelo plano ES a altura da cumeeira em função da declividade dada (50%) (ver figura na página seguinte).

A escolha do ponto E decorre do fato de ser o ponto da cumeeira mais afastado do beiral (o que não ocorre com o ponto D), sendo, portanto, S o ponto onde faremos a inclinação mínima.

No corte ES representamos a inclinação mínima i = 50% em S', e encontramos a altura h da cumeeira. Essa altura permite desenhar as fachadas.

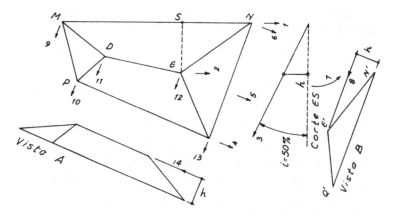

Observação | O traçado da perpendicular ES ao beiral pode ser substituído pela perpendicular à cumeeira DE (em termos práticos, a diferença de inclinação nos dois casos é desprezível). Preferimos a perpendicular ao beiral por assegurar a declividade mínima no beiral, onde a acumulação das águas que descem é maior do que na cumeeira, e, também, por uma questão de coerência com as soluções anteriores.

EXERCÍCIOS PROPOSTOS

Damos alguns exercícios de aplicação e as respectivas soluções. Somente o último desses exercícios – assim nos pareceu – merece discussão, pois os demais são aplicação de conhecimentos apresentados nos problemas de número 1 a 12 (já discutidos) ou objeto da geometria descritiva pura, como interseção de poliedros.

Sugerimos desenhar todas as fachadas do problema e, especialmente, que se façam desenhos GRANDES, cerca de quatro ou mais vezes maiores do que os desenhos do livro. Evitam-se, assim, erros grosseiros originários da construção de ângulos e bissetrizes em desenhos miúdos.

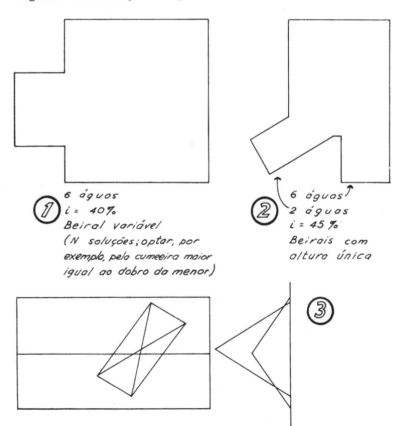

① 6 águas
 $i = 40\%$
 Beiral variável
 (N soluções; optar, por exemplo, pela cumeeira maior igual ao dobro da menor)

② 6 águas
 2 águas
 $i = 45\%$
 Beirais com altura única

③

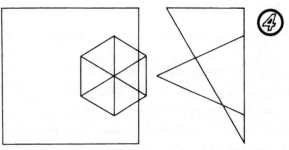

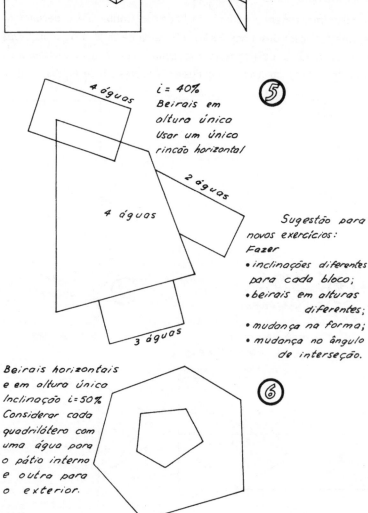

Interseção de telhados

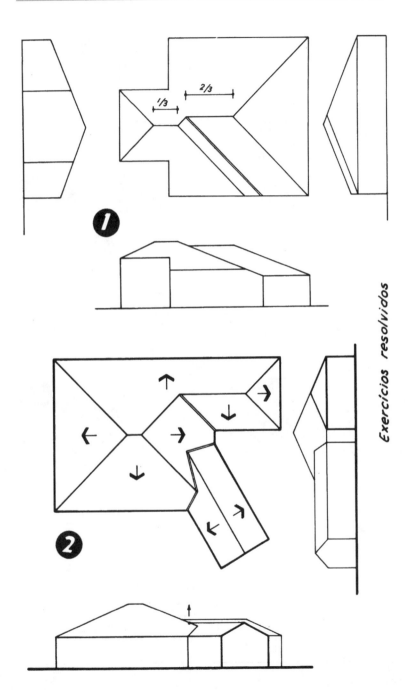

Exercícios resolvidos

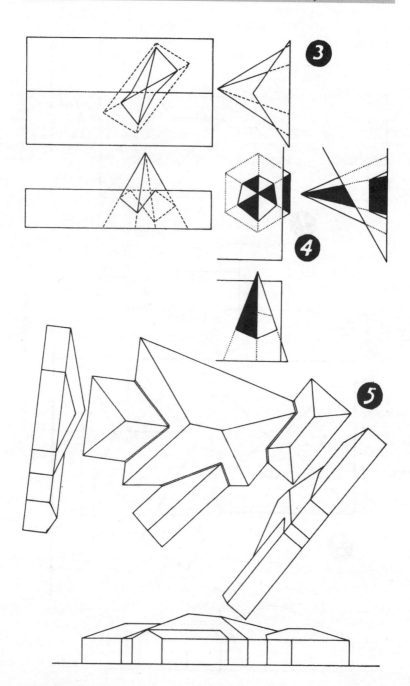

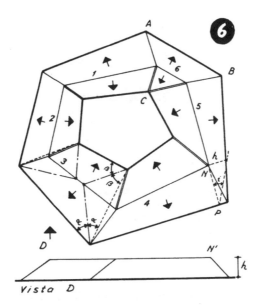

No trecho definido pelas letras ABC, vemos que AB é o menor dos beirais externos. Ao mesmo tempo, o polígono do pátio interno apresenta uma parede a menos que o polígono externo, portanto, um beiral a menos. Podemos fazer com que no pátio interno o beiral correspondente a AB fique reduzido a um ponto, isto é, tenha comprimento nulo.

Em cada um dos quadriláteros 1 a 5 em que a planta foi dividida, traçamos a bissetriz dos vértices (como no problema nº 12) e obtemos a posição da cumeeira. Essas cumeeiras interceptam-se em um ponto que é ligado ao vértice interno, definindo um rincão com calha, e ao vértice externo, definindo uma tacaniça ou espigão.

No trecho ABC ou triângulo 6, traçamos uma cumeeira paralela a AB em posição tal que corte as cumeeiras vizinhas 1 e 5, aproximadamente na metade da distância do ponto C à reta AB. Esse procedimento assegura para o mesmo comprimento dos dois rincões que chegam a C uma água de telhado menor do que se fizermos um traçado aleatório.

O desenho das fachadas depende, exclusivamente, da declividade mínima (i = 50%) a ser marcada na maior perpendicular tirada da extremidade da cumeeira ao beiral; no desenho: do ponto N ao beiral externo em P. Desenhamos apenas uma das fachadas.

Leituras recomendadas

SOBRE VENTILAÇÃO

COSTA, E. C. **Arquitetura ecológica**. São Paulo: Blucher, 1982.

HOLANDA, A. **Roteiro para construir no Nordeste**. 1976. (Tese de doutorado.) – Universidade Federal de Pernambuco, Recife, 1976.

IZARD, J-L.; GUYOT, A. **Arquitectura bioclimática**. Barcelona: Gustavo Gilli, 1980.

KOENIGSBERGER, O. H. et al. **Viviendas y edificios en zonas cálidas y tropicales**. Madri: Paraninfo, 1977.

LATIF, M. B.[1] **O homem e o trópico**. Rio de Janeiro: Agir, 1959.

_____. **As minas gerais**. Rio de Janeiro: Agir, 1964.

_____. **Uma cidade no trópico**. Rio de Janeiro: Agir, 1965.

_____. Ventilação no trópico. **Revista Arquitetura do IAB-GB**. Rio de Janeiro, n. 51, 1966.

_____. Ventilação no trópico. **Revista Arquitetura do IAB-GB**. Rio de Janeiro, n. 58, 1967.

_____. Ventilação no trópico. **Revista Arquitetura do IAB-GB**. Rio de Janeiro, n. 62, 1967.

---

[1] Tudo o que Miran escreveu merece ser lido: o estilo é agradável e as críticas à arquitetura são em nível elevado e objetivo, o que é muito raro.

SOBRE COBERTAS

ANGERER, F. **Construcción laminar.** Barcelona: Gustavo Gilli, 1961.

MACHADO, A. **Desenho na engenharia e arquitetura.** São Paulo: Edição do Autor, 1980.

MAKOWSKI, Z. S. **Estructuras espaciales de acero.** Barcelona: Gustavo Gilli, 1968.

Sobre o autor

Gildo Azevedo Montenegro foi professor nos cursos de Arquitetura e de Design na Universidade Federal de Pernambuco (UFPE) e ministrou cursos em dez estados brasileiros. É graduado em Arquitetura e possui especialização em Expressão Gráfica. Tem trabalhos publicados em jornais, congressos científicos e revistas técnicas do Brasil e de Portugal. Sua linha atual de estudos envolve aprendizagem, intuição, criatividade e inteligência. Em 2015, fez parte do Comitê Científico do Geometrias & Graphica 2015, realizado em Portugal, e recebeu da Universidade Maurício de Nassau a Comenda Maurício de Nassau por serviços prestados em prol da ciência, da tecnologia e do ensino. Nasceu na Paraíba e reside no Recife com a esposa e uma filha; dois filhos moram fora de casa e outra filha reside no exterior.

E-mail do autor: gildo.montenegro@gmail.com